AF306317

LE NOUVEAU TABLEAU DE PARIS,

OU

LA CAPITALE DE FRANCE

DANS SON VRAI POINT DE VUE.

Ouvrage destiné à servir de Supplément au TABLEAU DE PARIS.

La vérité dirigea mon pinceau ;
De mon Pays, voilà la triste image.
Paris n'est plus qu'un effrayant tableau,
Une Nation criminelle & sauvage,

A PARIS,

De l'Imprimerie de la Vérité.

1790.

LE NOUVEAU TABLEAU DE PARIS.

CHAPITRE PREMIER.

INTRODUCTION.

Hélas ! qu'est-ce que Paris ?

PARIS n'est plus cette superbe Cité, où fleurissoient les Arts & le Commerce; l'insouciance & la pusillanimité d'un Monarque, en ont opéré la malheureuse dévastation. Le Citadin n'y vit qu'à peine, à l'aide d'une criminelle industrie; ses quais, ses jardins publics, ses promenades, n'offrent plus à tous les yeux, que le spectacle horrible & effrayant de la misere; & lorsque ses Habitans jettent leurs yeux humides de pleurs sur ce Palais, d'où Henri-le-Grand contemploit son Peuple avec attendrissement, & travailloit à sa félicité, ils y voyent régner la foiblesse & le crime; ils n'y reconnoissent plus la bonté de Louis XII, & la bienfaisance d'Henri IV. Le Château des Tuileries n'est plus le temple sacré de la candeur & des vertus; c'est l'asyle de l'indolence , de la tyrannie & de la persécution.

Les murs de ce Palais sont encore teints du sang des Français, massacrés par le fanatisme & l'intolérance : l'appartement qu'habitoit le barbare Charles IX, est occupé par l'héritiere odieuse des vices de Catherine de Médicis, & des dissolutions de la femme de l'Empereur Claude (1); c'est à ces croisées fatales, d'où ce tyran désignoit de l'œil ses victimes, que la Reine de France contemple les siennes, & que, par une contenance artificieuse & hypocrite, elle insulte journellement, à de certaines heures, à la douleur & à la consternation publiques, par la plus affreuse dissimulation.

Elle ajoute à l'atrocité de sa conduite, l'art de la politique la plus raffinée : dans ces instans où la foule oisive va promener tristement son existence opprimée, dans

____

. (1) *Messaline.*

ce jardin qui nous retrace des souvenirs amers & déchirans, elle offre le Dauphin à la stupide admiration du Peuple, & semble lui dire : « Voilà le *palladium* que » j'oppose aux traits de votre vengeance ; » c'est le fruit de l'adultere, & l'héritier » de mes forfaits ; c'est en vain qu'abusés » par un trompeur espoir, vous attachez » votre bonheur à son regne à venir : » élevé par moi, j'ai fait passer mon ame » dans la sienne, & je saurai lui inspirer » de bonne heure l'aversion que je res- » sens pour un Peuple assez audacieux » pour braver ma puissance, & anéantir » mon autorité ».

En effet, qu'oser attendre d'un enfant élevé par un Roi foible, & formé dans les entrailles de Marie-Antoinette ? En se- couant son joug avec autant d'intrépi- dité, le premier usage que la Nation Française auroit dû faire de sa liberté, n'auroit-il pas dû l'engager à ravir ce rejeton destiné à monter sur le trône, aux soins pernicieux d'une mere cou- pable, qui ne peut qu'infecter ce germe royal, par une éducation vicieuse, & flé- trir un naturel heureux, s'il existe d'après l'impureté de son origine ?

A 3

Je n'entreprendrai point de donner le détail de ces Temples confacrés au Seigneur, où l'orgueil, la fainéantife & la fcélérateffe raffemblent leurs profélytes; de ces Chapitres, où d'impudens Chanoines outragent fans ceffe l'Auteur de la nature, en adreffant à la débauche & à la lubricité un culte profane, & qui laiffent, comme dit Boileau,

A des Chantres gagés, le foin de prier Dieu.

Sainte-Foix, cet ingénieux écrivain, dans fes Effais hiftoriques fur Paris, a fatisfait à cet égard la curiofité, par fes intéreffantes defcriptions. Le diffus & volumineux Mercier, dans fes Chapitres cauftiques, en a récapitulé les objets. C'eft Paris actuel que j'offre à mes Concitoyens; c'eft Paris tel qu'il eft dans ces momens funeftes & orageux de troubles & de confpirations, qu'il eft utile & néceffaire de le faire connoître. Cette tâche pénible & douloureufe oppreffe mon cœur; mais il eft beau de vaincre fa fenfibilité, quand l'intérêt de fa Patrie l'exige.

Hâtons-nous donc de tracer un tableau fidele de cette Babylone moderne, avant

l'époque à craindre de son entiere des-
truction ; faisons parler ces monumens
publics, entassés les uns sur les autres,
qui recelent les témoignages authenti-
ques de la tyrannie de ces monstres cou-
ronnés, dont les orgueilleuses statues
se sont élevées sur les débris de notre félicité, & dont les têtes audacieuses sont
marquées du sceau de la réprobation.

Hélas ! qu'est-ce que Paris ? Chaque
pas qu'on fait dans cette ville jadis si
florissante & maintenant si misérable,
arrache les plaintes, les gémissemens, &
force au regret. O mon Pays! dans quelle
décadence es-tu tombé ? Oui, je le dis
sans crainte ; je suis frappé, faisi d'indignation, quand mes yeux s'arrêtent sur
l'odieuse effigie de Louis XV, après
avoir fixé celle de Henri IV, le Pere
du Peuple, & l'exemple peu suivi des
bons Rois.

Il ne manque plus à la Nation Française, pour completter sa folie, & affer-
mir sa réputation de Peuple frivole, que
d'élever un monument à la gloire de
Louis XVI & de son indigne Compagne,
& de l'enrichir d'inscriptions menson-
geres. Au moins, nos descendans, en

voyant ce trophée de la baſſe adulation de leurs Peres, ſe demanderoient quelles ſont les actions héroïques & éclatantes qui ont mérité à ce Monarque ſans caractere, l'érection de ce triomphe ? Ils ſe rappelleroient les impôts, la banqueroute frauduleuſe dont ce Roi nous a menacé, nos pertes, nos chagrins, notre miſere affreuſe, & ils ſe diroient : C'eſt ſans-doute par ce chemin que Louis XVI eſt parvenu à l'immortalité.

La Baſtille eſt détruite : heureux ceux qui viendront après nous ! leurs regards chercheront en vain quelques veſtiges de cet antre horrible du deſpotiſme ; ce tombeau de la liberté n'exiſte plus ; mais ces murs formidables, qui ſervent de rempart à la voracité, à & la rapacité des Fermes réunies, s'élèvent encore ſous nos yeux, à la honte de l'humanité : ces avides ſangſues, qui dévorent nos ſubſiſtances, & propagent notre eſclavage, en nous appellant inſolemment un Peuple libre, continuent & augmentent leurs vexations, par le moyen de cette enceinte barbare. C'eſt au nom du Roi que ces Corſaires pillent le Peuple, & le ſang des Français eſt le ciment qu'ils employent pour élever avec luxe les édifices somptueux où ils enseveliſſent leur maſſive exiſtence & leurs horribles ſpéculations.

Je reviens à ce monument à élever à la mémoire de Louis XVI, & dont les plans humilians pour nous, circulent déjà dans la Capitale; ils ont tous été imaginés par la politique ; mais loin de moi ce poiſon corrupteur. Du moment heureux que mes yeux ont vu tomber ces tours redoutables, par les efforts du patriotiſme, j'ai conçu, comme un autre, l'idée de la ſeule hécatombe propre à rappeller aux ſiécles à venirs, les événemens ſiniſtres, qui, ſous le régne d'un ſimulacre de la Monarchie françaiſe, & des tyrans qu'il ſe plaiſoit à placer près du Trône, ont mis le Peuple à deux doigts de ſa ruine totale.

A la place même où cette horrible fortereſſe exiſta, j'éleverois un phantôme revêtu du manteau royal, dont les fleurs de lys abaiſſées, repréſenteroient l'aviliſſement de la Maiſon de Bourbon : ce phantôme ſeroit Louis XVI, dont le nom ſeul indiqueroit la qualité. Pour le former, je ne confierois pas au ciſeau ni le marbre poli, ni l'agate & le porphyre. Les mêmes pierres que Charles V employa pour former ce temple effroyable de la mort, me serviroient pour cet usage. Je n'employerois, pour le couronner, ni l'or ni les pierreries. Une couronne d'airain, déposée sur sa tête, indiqueroit le siecle malheureux où ce monument auroit été élevé à la vérité; & le sceptre de fer que je placerois dans sa main, seroit le symbole de l'illégitime emploi de sa grandeur & de sa puissance.

A ses pieds, une corne d'abondance renversée, abandonneroit les richesses d'un Royaume fertile aux flammes dont une furie couronnée, armée d'un flambeau, les rendroient la proie.

Aux quatre coins du piédestal, seroient *Saint-Florentin*, *Sartines*, *Lenoir* & d'*Aligre*, enchaînés par la liberté : les trois premiers vomiroient parmi des flammes, des monceaux de lettres de cachet, & l'infame Premier PrésLdent, dont les traits seroient animés par la rage, auroit la tête ceinte du bandeau de l'infamie, dont il s'est de tout temps couvert, ainsi que sa méprisable Compagnie.

A côté d'eux feroit *Samfon* , l'Exécuteur des jugemens criminels, préfentant à ces quatre fcélérats , les fers ignominieux deftinés à les flétrir , & la vue de cet édifice infpirant la terreur & l'effroi à nos nouveaux Gens en place, les contiendroit dans les bornes féveres de la plus ftricte équité. Mes yeux deffillés par l'étude continuelle de la conduite vénale du charlatan des finances (1), & n'étant plus fafcinés par fes vertus de parade, ne le verroient plus que fous fes traits naturels : alors je le repréfenterois fuyant mon phantôme royal , dont il partageoit la fouveraineté avec toutes les apparences de la modeftie ; mais je lui placerois entre les mains le mafque impofteur dont il fut couvrir fon vifage , pour abufer cruellement un Peuple qui , fi injuftement, lui donnoit fa confiance.

De cette maniere, après leur mort, les actions des Rois, de leurs Miniftres, feroient tranfmifes à la poftérité, & ferviroient de bafe aux monumens immortels qui leur feroient élevés. En voyant

----

M. Necker.

ces nobles & sincères travaux de la liberté, chacun s'écrieroit : le voilà, le voilà, le vrai tableau des vices ou des vertus d'un Monarque sous lequel nous avons gémi, ou que nous avons eu tant de raisons de révérer ; & l'on ne rougiroit plus de honte & d'indignation en examinant un bloc de marbre façonné par le ciseau du mensonge, & d'une vile adulation, tels que ceux qui présentent à nos regards Louis XIII, Louis XIV, Louis XV, &c......

Dans le cours de mes observations, j'aurai, sans-doute, encore quelques projets d'inauguration à mettre au jour ; je les placerai à mesure que le local se présentera sous ma plume ; maintenant j'entre en matiere, & vais m'efforcer de donner aux Parisiens une juste idée de ce qu'est maintenant Paris, cette reine des villes de France, pour ne pas dire de l'Europe entiere. Sans m'embarrasser à suivre l'ordre géographique, je choisirai au hasard, & n'omettrai rien de tout ce qui pourra avoir rapport à sa situation actuelle, & justifier mon exclamation : *Hélas ! qu'est-ce que Paris ?*

CHAPITRE II.

Le Pont-Tournant, Jardin des Tuileries, Terrasse des Feuillans, Assemblée Nationale, & Château Royal.

APRÈS avoir erré au hasard, & promené çà & là, ma mélancolie dans les Champs-Elysées, qui ont pensé être le théâtre du crime & de l'horreur ministérielle, j'entre dans le Jardin des Tuileries, par le Pont-Tournant; je verse des larmes sur la situation de ce Palais, & ne puis m'empêcher de me livrer aux réflexions ameres que me suggere cette vue pitoyable : je m'assieds , abîmé par la douleur , & repasse dans mon esprit obsédé par la tristesse, les objets différens que renferme son enceinte; & frappé par le contraste bisarre que j'y distingue, je me dis alors:

Mes yeux viennent de contempler ce Pont où un assassin féroce fondoit sur les Parisiens avec une fureur sans exemple. Qui m'eût dit, à cette journée barbare où je fuyois avec tant d'autres, la rage de ce Prince odieux, que ce même lieu où naguère régnoient le carnage & l'effroi, deviendroit l'afyle involontaire d'un Monarque indolent, la clôture d'une femme hardie, vindicative, impérieufe & fanguinaire, & tout-à-la-fois le temple où s'opère avec lenteur l'ouvrage imaginaire de notre régénération ?

Je ne vois plus ce Jardin tel qu'il étoit fous le régne du voluptueux & impudique Louis XV, qui donnoit à la Nation fur laquelle il exerçoit une puiffance tyrannique, le fpectacle de la diffolution : dans ce temps, je voyois fous les arbres de ce jardin, des filles proftituées, faire de la demeure de nos Rois un b... public, & fur le côté parallele, mes regards ont été vingt fois témoins de l'infame commerce des enfans de Sodome, dont l'efpece fourmille en France, & qui érigeoient la terraffe des Feuillans, en rendez-vous nocturnes des plus abominables orgies, fous le nom d'*Allée des Soupirs* (1).

---

(1) Ainfi nommée par Henri III, qui faifoit fes délices de ce genre de beftialité, avec fes mignons Joyeufe, Quelas,

Sur cette terrasse & gazons adjacens,
on voyoit donc une partie de Paris rouler les yeux, à l'imitation de ces Satyres
qu'Ovide & Pétronne nous ont peints
avec tant de force & d'énergie, intro-
duire la licence & la dépravation des
mœurs, fouiller la pureté, & transformer
le plus illustre endroit de la Capitale, en
un vrai réceptacle d'infamie (1).

Maintenant cette terrasse ne présente
plus au sot admirateur de la Nation,
qu'une promenade pompeuse, où les Dé-
putés des Villes & des Bourgades de
France, promenent leur orgueil, leur

& Saint-Maigrin, dont les épithetes injurieuses à la nature, à la raison, font
déposées fous les charniers de l'églife de
Saint-Paul.

(1) Je donnerois volontiers une de
mes oreilles, pour qu'il en coûte deux
au Marquis de Villette, à Bazard, Pré-
vôt-Général des Monnoies, à l'Abbé de
Montefquiou, Député & ancien Préfident de l'Affemblée Nationale, & à mille
autres que j'aurai occafion de nommer,
& qui font les fideles partifans de ce
rendez-vous de b*****.

ineptie & leurs extorſions : l'affluence du monde que j'y rencontrai, me fit naître l'idée de pénétrer auſſi dans ce ſanctuaire de la révolution, & je m'y acheminai.

Que devins-je, à la vue de ce temple prétendu de la liberté! J'ignorois encore où étoit placé ce local où jadis j'avois vu un ſuperbe manege, où des palfreniers habiles dreſſoient d'élégans courſiers à remporter le prix de la courſe, & j'étois loin de m'imaginer qu'une partie des bouriques de la Beauce & des freres Martin du pays Beaunois, euſſent pris la place de ces fringans quadrupedes. Je ne pus m'empêcher de dire : Hélas! qu'eſt-ce que Paris? & dans quelle déſuétude eſt-il tombé! Où jadis je voyois des chevaux, maintenant je vois des ânes : allons, tout eſt au mieux.

Je pénétrai dans cette ſalle verte, qui porte les livrées de la banqueroute; & en y reconnoiſſant quelques-unes de ces figures hétéroclytes, je convins avec moi-même que ce local étoit on ne peut pas mieux choiſi, & que la plupart y figuroient très-bien.

Comme je n'ai nulle intention de m'écarter de mon plan, je ne m'amuſerai pas à brocarder les membres infidieux qui brelandent, à cette fameufe Affemblée, à leurs délibérations ridicules, leurs extravagantes motions, leurs décrets. Je reconnus tout le faux de cette conftitution de laquelle nous attendons un bonheur auffi difficile à faifir, que la comète de 1701, qui n'a opéré des prodiges que dans la cervelle creufe de M. de la Lande & Compagnie.

Je ne fais que gliffer fur la defcription de l'ancien manege des Tuileries, maintenant l'Affemblée Nationale; mais je me contenterai de dire que le ratelier où s'approvifionnoit *Hector le fougueux*, eft à-préfent occupé par le Préfident *Rabaud de Saint-Etienne*; que l'auge où s'avitailloit le cheval l'*Infouciant*, eft occupée par le *Comte de la Noye*, & qu'il femble que toutes les étiquettes des chevaux de cet ancien manege, mafquées par les fleurs de lys rehauffées en laine, ont été diftribuées par un hafard heureux, de maniere que chacun d'eux, exhauffé fur le fumier qui lui eft propre, fe trouve naturellement à fa place.

Maintenant je paffe à la barre, fituée vis-à-vis le fauteuil de la Préfidence, qui se trouve alternativement occupé par un fripon, un honnête-homme, un philosophe, un sot, un académicien, un ignare, un tartuffe & un sac à diable. A cette barre est où les délinquans nationaux viennent se repentir publiquement d'avoir embrassé le parti de la bonne cause. J'y vis les Parlemens diffamés; & c'est à-peu-près le seul avantage que la Nation ait retiré des merveilleux travaux de ses Préposés. Combien il est naturel de se laisser dominer par l'humeur atrabilaire, quand on voit tenir le dé dans cet ancien domicile de chevaux, par des sots ou des fripons, & le nombre en est considérable!

Je descendis, & vins à la buvette nationale, où je vis là toutes les Provinces réunies se donner le mot pour mistifier la bonne ville de Paris, dont j'entreprends de fournir le nouveau tableau : j'y vis ces Messieurs profiter de la sottise de leurs Commettans, & écorner en restaurans les 18 liv. que fournit un Peuple stupide pour constituer son infortune, & digérer, à la séance du soir, un dîner splendide, qui les met en goût de prolonger des travaux semblables à la toile de Pénélope.

J'y vis les Bureaux : ah! grands Dieux!

que de coquins je vis dans ces cahutes monacailles, où les Feuillans donnent, par avance, un terréin, à la follicitation d'un Roi, lorfqu'ils l'ont reçu de la libéralité d'un autre, qui, tout fot qu'il étoit, favoit très-bien que la frocaille dirigeoit en ce moment le parti du plus fort.

Je vis le cloître de ces pantalons revêtus de dominos blancs, qui, finges des Chartreux & de l'hypocrifie de Saint Bruno, s'amufent encore à grimacer dans leur burlefque apanage, en voyant leur Jardinier expert faire venir fur couche d'excellens melons, des bigarades, & par-deffus tout, des orangers ; comme fi ces pauvres penaillons devoient, en bonne confcience, avoir chez eux une provifion de fleurs d'orange : ils ne l'ont pas moins ; & lorfqu'ils fortiront de cette févere clôture, femblables aux freres quêteurs de la Maifon des Capucins de Saint-Honoré, au lieu de fe mettre fapeurs, ils feront des fufilliers, & de leurs orangers, ils formeront autant de panaches nationaux, qui, n'en déplaife à leur faint Abbé, dont les prouefles monaftiques font dépofées fur les vîtrages de ce cloître; efcamotages & baladineries qui pouvoient avoir lieu dans ce temps, & qui font encore l'objet de la ridicule admiration des benêts de ce fiecle.

J'en fis le tour, toujours tourmenté par le defir de m'inftruire; & ce fut pour moi le comble de la fottife, que l'examen que j'en fis. D'abord, j'y vis un Roi hérétique, encenfé par la fraude eccléfiaftique, abjurer l'héréfie, pour acheter un Royaume aux dépens d'une meffe, faire le bonheur de fon Peuple, & métamorphofer les bénédictions du Pape en autant de boulets rouges, qu'il diftribuoit en provifion aux fcélérats de la ligue, qui ne réffemblent que trop à nos nationaux, qui ne refpirent que guerre, maffacre, & qui s'en riront après.

J'y vis, en paffant par les cours, les foldats de la révolution, qui, après avoir troqué leurs guenilles de plébéiens, pour des fur-touts bleus & des pompons de la Nation, s'amufer à des jeux ridicules, & tout-à-la-fois faire rouler un palet de cuivre dans un tonneau à triple iffue, & chaffer de cette enceinte un malheureux que fon infortune contraint à mendier fon pain, parce que le pauvre diable, revêtu de méchans haillons, n'a pas ſacrifié ſa ſubſiſtance du jour à acheter une cocarde.

Ce n'eſt donc plus maintenant qu'à l'aide d'un maſque repréſentant la Nation, qu'on peut pénétrer par-tout. Soyez auſſi faux que *Barnave*, auſſi féroce & aſſaſſin que *Néron* & *la Reine de France*, auſſi politique que *Necker*, auſſi contentieux que *Chapelier;* ayez une cocarde, & vous entrerez par-tout, même au Châtelet de Paris, où l'on a cependant tant de raiſons de travailler myſtérieuſement : mais ce que je dirai en ſon endroit, prenez bien garde, malgré votre cocarde, de vous approcher trop près d'un mouchard de Robe-Courte; car ſans quoi, malgré votre cocarde nationale, & la bienheureuſe ſainte liberté, vous deſcendrez un étage plus bas, & la ſequelle judiciaire ſaura bien vous prouver envers & contre tous, à ſes audiences publiques, que ſon indigne robe & ſon bonnet carré, recelent encore les mêmes têtes & les mêmes cœurs.

Après avoir traverſé ces galeries, & examiné en bref ce qu'elles contenoient, c'eſt-à-dire, des marchands de bagatelles, des marchands de vérités, qui en abuſent pour vendre à tant la feuille, la compilation complette des fottifes de l'ajournement du jour, & les pamphlets qui fe diftribuent dans cet endroit, je rentrai dans les Tuileries; & comme, quoique Parifien, je pénétrois dans un monde nouveau pour moi, où je voyois tout en combuftion, je m'attachai à prendre des renfeignemens exacts fur tout ce que je voyois.

J'avois déjà été à Verfailles, & j'y avois vu le Château commis à la garde Suiffe & Françaife. L'hiftoire de la révolution m'avoit appris que le Roi Louis XVI, qui eft la bonté même, fans être plus heureux, avoit adopté le plan de fe faire garder par les foldats nationaux, & ces mêmes Suiffes; qu'il y avoit été contraint par une politique majeure, & qu'au fait, il s'étoit réfigné à tout ce qu'on avoit voulu, en fe difant à lui-même : « Tout eft au pis, je le fais ; » mais qu'il arrive ce qu'il pourra, je me » regarde à préfent comme ces enfans » mineurs, poffeffeurs d'une brillante » fortune, & qui n'en font pas moins » obligés d'obéir à leurs tuteurs ; ceux-» là font quelquefois dupes, je ne puis

» manquer de l'être auſſi ; mais au de-
» meurant, je n'en ſerai pas moins Louïs
» XVI , & ſi l'on me détrône , j'aurai
» cela de commun avec le beau-pere de
» mon aïeul (1) , qui , réduit à la Lor-
» raine , pour tout potage , ſe trouvoit
» encore fort heureux de venir demander
» la fortune du pot à Louis XV , qui
» s'eſt fait, en ce temps, un devoir de
» l'héberger aux dépens de ſon Peuple,
» à-peu-près comme la France héberge
» ſes Repréſentans. On ne demande que
» ma ſanction , je la donne ; mes Mi-
» niſtres ont volé , on me violente pour
» remplir le foſſé : que peut-on voir de
» pis ? On me prête des diſcours auſſi
» pompeux que ceux du Maire de Paris ,
» qui occupe un fauteuil tapiſſé dans un
» de mes appartemens du Louvre, con-
» jointement avec trente-neuf idiots , qui
» n'ont pas le ſens commun : je les dé-
» bite avec autant d'appareil , & le Roi
» de Suede, qui, comme moi, a une
» magnifique bibliothèque, les fait tranſ-

____

(1) Staniſlas , jouet des caprices de
Charles XII, Roi de Suede, & Roi de
Pologne par le plus grand des haſards.

» crire en langue suédoise, soit par dé-
» rision ou par tout autre motif, qui,
» tel qu'il soit, ne peut que prouver à
» toutes les Nations ma détresse & celle
» du bénévole Parisien ».

Je vis donc le Château des Tuileries tel qu'il est maintenant ; & voici, je crois, le jugement qu'on en peut porter. A sa porte d'entrée, faisant face au Pont-Royal, & descendant le quai, sont les cuisines de Marie-Antoinette : les bons Parisiens s'adossent, les jours où le soleil répand ses rayons bienfaisans sur la nature, aux barrieres qui y sont posées ; & là, ils se substantent des vapeurs odori-férantes qui s'exhalent des fourneaux, par les soupiraux de cet antre consacré au Dieu des festins : c'est là qu'ils calculent leur misere avec d'autant plus de raison, qu'obligés de rentrer dans leur galetas, ils arrosent de leurs larmes un pain noir & sec, qu'ils partagent avec des enfans infortunés, qui levent vers eux leurs bras languissans, pour en obtenir leur subsistance, lorsque ceux qui sont sensés continuellement occupés à chercher les moyens de nous la conser-ver, regorgent de comestibles.

Rentrant dans le Jardin des Tuileries, par la même porte, je suis la terrasse des appartemens ; j'y vois celui de la Reine & des Enfans de France, qui, à de certaines heures de l'après-dînée, se font un jeu d'étiquette, de monter & descendre alternativement les degrés d'un perron, pour rassasier le Peuple de la vue de l'héritier de la Couronne, qui, élevé conformément au prospectus indiqué dans le discours du Roi à l'Assemblée Nationale, réalise le système de la popularité, en s'amusant à pourchasser des lapins blancs, & à cultiver des oignons de jacinthe avec le fils d'un rustre, qui n'a pas tellement oublié ses intérêts, que de ne pas s'appercevoir que cette insigne faveur rapproche le Tiers-État de la Cour.

Plus loin, est l'appartement du prête-nom des sottises actuelles de la Nation française : Louis XVI, qui gémit, dans son cœur, de l'ingratitude de son Peuple, y paroît peu. Dans les instans où il va promener sa mélancolie & le chagrin qu'il doit ressentir naturellement, de voir les Français lui retirer le soin de leur bonheur & de leur prospérité, pour le confier à des ennemis qu'ils ont élevés dans leur sein, les Tuileries sont fermées. Ce Roi va jeter tristement les yeux sur la statue équestre de Louis XV, décoré de vertus qui ne doivent leur existence qu'au ciseau de *Bouchardon*. C'est alors qu'il doit réfléchir sur le sort des Rois. L'épithete de *bien-aimé* s'y rencontre partout incrustée sur le marbre, lorsque toutes les bouches répetent, en voyant ce monument : voilà *Louis l'exécré*.

Ce Monarque a pour point de vue, à cette promenade mortifiante qui lui retrace ses entraves & son humiliante situation, ces édifices qui menacent insolemment les nues, élevés par les Fermiers-Généraux, lesquels leur devroient servir de tombeaux, à l'imitation des pyramides d'Egypte.

Au bout de cette même terrasse, sont les appartemens de Mesdames de France. Ces tristes & délaissées sœurs & tantes de Louis, menent dans notre Royaume, une vie triste & isolée, se plaignant intérieurement de la Loi salique, qui rend leur sort dépendant des combinaisons politiques, & elles consument en regrets stériles une existence qu'elles doivent au hasard, tout ainsi que les Charbonniers du port Saint-Nicolas, qui consacrent le temps que les travaux leur laissent, à faire l'exercice sur les gazons du Louvre, pendant que les Soldats de Diftricts s'enivrent ou dorment dans les corps-de-garde de la liberté, & perçoivent les deniers deftinés à la fauve-garde du Peuple.

Les Cent-Suiffes montent toujours la garde dans les appartemens de Leurs Majeftés ; mais les dehors font gardés par le régiment des Suiffes, & par les Volontaires nationaux, les uns & les autres avec des motifs bien différens.

Les Suiffes, bons, francs, loyaux & courageux, ne voient, dans leur faction, que l'honorable emploi de veiller à la fûreté du Monarque des Français, & la tenue de leurs engagemens facrés ; les autres, au contraire, font les exécuteurs des intentions de la Nation, qui confiftent à retenir fon Roi prifonnier parmi elle ; & cette garde d'honneur, ce pofte glorieux, eft le plus fouvent rempli par un mouchard, un baladin, un efcamoteur. J'y ai vu le fameux vendeur de pommade de la Grêve, connu fous le nom du *Dragon*, affublé d'un bonnet de grenadier, répouffer infolemment d'honnêtes Citoyens, devant lesquels, deux heures auparavant, il s'étoit humilié pour une piece de deux sols, en faisant sauter son mouton en l'honneur de la Nation.

Baulieu des Variétés, dont le buste gravé sert de pendant à celui d'*Isodore Agasse*, y nourrit son orgueil, & croit faire oublier, par les vers amphybologiques qui ornent son portrait, ce qu'il est réellement. Combien on doit peu croire à ses vertus de parades & à ses grimaces patriotiques, tout aussi peu naturelles que celles qu'il employe dans le rôle de *Mosquito* de la Nuit *aux Avantures*, où son camarade & son ami *Bordier* a si bien prédit son horoscope.

Enfin, l'Etuviste-barbier, qui a troqué son bassin à barbe contre un hausse-col, le petit Marchand son aulne contre une carabine, le Carabin de Saint-Côme, sa lancette contre un sabre, & le Scribe de la Bazoche son écritoire contre un fusil, se pavanent sur cette terrasse & dans les cours, avec autant de morgue que des Héros ; mais ils témoignent, par leurs nombreuses patrouilles, leur terreur, & si ce n'étoit l'affluence qui regne ordinairement dans ce jardin royal, on les ver-

roit s'approcher avec autant de précautions, & en criant, *qui vive?* de l'ombre
d'un if, comme fi c'étoit un peloton
d'ennemis.

> Les hommes font égaux; ce n'eft pas la naiffance,
> C'eft la feule vertu, qui fait leur difference,

a dit Voltaire. La maniere indiftincte
avec laquelle chacun pénetre dans le Jardin des Tuileries, fembleroit nous affurer
que cette penfée d'un grand homme jouit
maintenant de toute fon exécution; mais
le tableau public que j'y examine, me
rappelle l'Ane de la fable revêtu de la
peau du Lion, trahi par un bout d'oreille
échappé. Le Français d'aujourd'hui leve
impérieufement fa tête *encocardée*, & dit
à tout venant : Regardez ce que je pa-
rois être, bien different de ce que je fuis
réellement, & de ce que je devrois être :
vous voyez en moi un héros, un vain-
queur; mais le bout de l'oreille échappe,
& découvre la rufe; alors je ne vois plus
qu'un homme ordinaire & un faux Citoyen, qui n'avoit pas grand effort à
employer, pour fubjuguer un état déjà
miné par fes fondemens, & qui s'applaudit d'un ouvrage qu'il ne doit qu'à

la circonftance malheureufe qui rend un Monarque le jouet de la viciffitude de la fortune, comme le moindre de fes fujets.

CHAPITRE III.

Place Louis XV, le Boulevard, Hôtel de la Mairie, Diftrict de Saint-Roch, où je fuis tombé de fievre en chaud mal.

JE ne reparlerai de la ftatue de Louis XV, que pour regretter la perte d'autant de bronze, & l'emploi de ces monftrueux blocs de marbre qui forcent à chaque moment les yeux à s'arrêter fur le raviffeur de nos biens, & le deftructeur de la liberté. O France! quel ufage as-tu fait de tes tréfors? Qu'il eft vil! & combien tu dois rougir de ta baffe adulation!

Du point central de cette place, je découvre le nouveau pont de Louis XVI. Ce Monarque y fera-t-il placé? de quel fens & de quel côté jettera-t-il fes regards? Ah! de tel côté qu'il foit, le bon Henri lui tournera le dos, & la poftérité fans doute en fera la remarque judicieufe. Ainfi, ce Roi fi bon fera puni du crime des autres, & les jugemens bifarres de l'avenir déploreront plus tard de l'avoir mal connu.

En face, eft le palais Bourbon, où la magnificence & le luxe étale fa grandeur & fes richeffes, bâti à grands frais par Louis-Jofeph de Bourbon, Prince de Condé : chaque pierre de cet édifice annonce l'orgueil des Princes de la Maifon Royale, qui fe font rapprochés, autant qu'ils ont pu, de la Souveraineté, aux dépens des malheureux. Aucune partie de ce palais n'appartient en propre à fon illuftre propriétaire. Loin que le principal de la dépenfe foit payé, les rentes provenantes des mémoires des Entrepreneurs qui y ont placé leurs fonds, éprouvent & éprouveront fans doute, graces à la bienheureufe révolution, un retard confidérable.

A la gauche de Louis XV, eft le Garde-Meuble, pillé le 14 Juillet 1789, par les voleurs patriotes & les bandits de la révolution, qui, au nom de la liberté, y ont commis les larcins les plus condamnables, & qui, pour récompense de ce, ont été modestement recueillir, à l'Hôtel-de-Ville, leur part des couronnes civiques, lorsque, dans tout autre temps, ce brigandage eût été gratifié par un licol de chanvre, & par une potence.

Je passe devant le marché Daguesseau, sans penser au Chancelier de ce nom, indigne d'aucun souvenir, pour enfiler le boulevard, jusqu'à la rue des Capucines. Je vois, dans cette promenade, des hôtels abandonnés, & conséquemment des vestiges bien propres à nous démontrer que si nous languissons dans la misere, nous devons nous en accuser, & que nous en sommes la principale cause.

Dans la rue des Capucines, je vois un hôtel brillant, où jadis demeuroit *Lenoir*, ce scélérat infame, ce Lieutenant de Police, tout aussi cruel que d'*Argenson*. Je soupire, en lisant, sur le marbre noir attaché sur la porte, *Hôtel de la Mairie*, & j'ajoute à mes soupirs : Hélas ! voilà donc ce qu'a produit la révolution dans cet antre affreux de la tyrannie ! un changement de nom, & rien de plus. Je croyois me reposer avec délices à la demeure d'un sage, d'un philosophe aimable & désintéressé, téreffé, d'un homme fimple & vertueux, d'un Juge integre & fenfible, & je n'y rencontre, au contraire, que des objets capables de renouveller ma douleur. Un cerbere, femblable à celui de l'ancienne Police, en défend l'entrée à une foule errante aux environs, qui vient réclamer inutilement l'équité du nouveau Maire, qui la dépofe à la porte, chaque fois qu'il rentre dans ce domicile de l'injuftice.

Un effain de Mouchards bleus & blancs, rode dans les cours, & par-tout où je jette les yeux, je vois abfolument tous les attributs de l'ancien régime. Ce n'eft plus ce *Bailly* défendant courageu-fement nos droits ; c'eft un Maire vain, ambitieux, fourbe, politique, diffimulé, & efclave du pouvoir & de la cupidité.

Entouré d'un nombre infini de valets qu'il commande impérieufement, il oublie, au fein du luxe & de la magnificence, les momens fi flatteurs pour une homme jufte où il étoit ferré fur le Pont-Neuf, par un Peuple crédule, qui élevoit fon nom jufques aux nues : enorgueilli de fa grandeur, ce n'eft plus que l'œil du mé-pris qu'il attache fur les artifans de fon élévation ; & la dureté, le froid glacial,

C

préfident ·aux réponfes qu'il rend au Peuple.

Servilement attaché·au char de la fortune, le bonheur de la Capitale n'eſt plus l'objet du travail de ſon cabinet; l'avidité des richeſſes, l'étendue du pouvoir, ſont les matériaux de ſes ſpéculations favorites : *Coquerau*, *La re t* & *Dutilleul* ſont ſes intimes, ſes plus chers confidens. Auſſi, lorſque quelques infortunés ſe préſentent un placet à la main, pour intercéder l'humanité, la juſtice de Bailly, M. le Maire fait répondre, par ſon Suiſſe, harnaché d'une éclatante livrée, & d'un baudrier chargé de galons : Attendez le jour d'audience. Eſt-ce ainſi qu'un Maire doit agir? & tous ſes inſtans ne ſont-ils pas au Peuple, dont il s'eſt déclaré le défenſeur & l'appui?

Je détourne mes regards de ce ſiége de l'abus de la puiſſance, qui me retracent les anciens Maires du Palais, jadis ſi funeſtes à la Nation françaiſe, & je traverſe la Place Vendôme, où je vois Louis XIV montrer du doigt le tombeau de la Chancellerie, & la demeure des anciens Chefs de la Juſtice, qui s'occupoient à bouleverſer le Royaume, tandis que leur maître, plus ambitieux que fage, & plus magnifique que grand, dévaftoit fa Monarchie, dominé par le feul plaifir de troubler fes voifins.

Rue Saint-Honoré, mes yeux fe portent fur le dôme de l'Affomption, & je pénétre, en idée, dans cette maifon de reclufes; j'y vois de jeunes & jolies pucelles, ou foi-difant telles, renoncer, à l'exemple de la Reine des Anges, abandonner le projet d'imiter fa glorieufe afcenfion, pour fe lier charnellement avec le bienheureux cordon de Saint François, & préférer les ftigmates de la concupifcence de ce faint anachorete, à la félicité de la vie éternelle, & le tout, pour travailler à la propagation de l'efpèce, & toucher, comme Madame Eve, au fruit défendu.

A côté, près les Feuillans, font les Capucines de la rue Saint-Honoré, où je vois des gueux enfrocaillés fe dévêtir de leurs fales guenilles, pour prendre parti dans l'armée *la Fayette*, & par ce moyen aller enlever des vivres à force ouverte, aux payfans des environs, du fel & du tabac aux pauvres diables d'ennemis des cinq Fermes réunies, au lieu d'aller de porte en porte, remplir leurs beſaces, pour l'amour de Dieu.

Toutes les rues adjacentes de la rue Saint-Honoré, ſont, comme par le paſſé, garnies de Couvens, dont le culte de Vénus fait tous les honneurs ; mais la taxe eſt conſidérablement diminuée, depuis que le numéraire eſt englouti ; & les pauvres Religieuſes de Cythère, trouvent bien à rabattre de leurs prétentions, depuis que nous ſommes libres ; ce qui devoit au contraire augmenter leur eſpoir & le nôtre ; *mais qui compte ſans ſon hôte, compte deux fois.*

Arrivé devant Saint-Roch, je me proſterne humblement pour ſaluer révérencieuſement ce Pélerin vagabond, ainſi que M. ſon chien, qui guérit de la galle, de la rogne, de la peſte, tout auſſi ſûrement que les Rois de France guériſſent des ulcères & des écrouelles. J'admire avec quel front d'airain l'Hiſtorien *Baillet* nous a bercé de ces gandoiſes catholiques, apoſtoliques & romaines, pour ſe faire un nom dans les faſtes de la ſottiſe, & attraper un morceau de pain, par l'interceſſion du Pape.

Les Diſtricts de Paris jouent maintenant un trop grand rôle dans les événemens de la Capitale, & en font une partie trop essentielle, pour négliger ce qui peut avoir rapport à celui de Saint-Roch, qui est celui de la Police, & conséquemment opposé aux résolutions & décrets de la majeure partie des autres.

C'est en vain que l'assemblée des Communes lui a donné des témoignages éclatans de sa bienveillance & de sa protection, en faisant condamner l'Auteur du *Journal de la Ville & de la Cour*, pour avoir osé dire, dans son article du *Palais-Royal*, qu'il n'étoit composé que de mouchards. La vérité doit l'emporter sur les mensonges placardés de l'Hôtel-de-Ville; & quand on voit les soldats de ce District, fureter chez les Libraires, chercher à trouver en défaut les Colporteurs, se faire indécemment salarier par les Marchands de ce même Palais-Royal, qui ne sera pas convaincu, que le District de Saint-Roch réunit à ses fonctions, toutes les ruses coupables & les incursions manifestes de l'ancienne patrouille grise (1)?

____

(1) Ainsi nommée, du temps que les

Ce n'eſt cependant pas le ſeul Diſtrict qu'on puiſſe accuſer de ces indignes ma- nœuvres : en continuant ma ronde, j'aurai ſûrement occaſion de citer les autres, & de prouver que les prétendus ſoldats de la liberté, les ſoi-diſans deſtructeurs de l'ariſtocratie, ſont les mercenaires de la tyrannie préſente.

CHAPITRE IV.

Le Palais-Royal, Diſtrict de Saint-Honoré & de l'Oratoire, Bibliotheque du Roi, ancien Dépôt des Gardes-Françaiſes.

Qu'ÉTOIT autrefois le Palais-Royal? La demeure auguſte des Princes du Sang Royal de la Maiſon d'Orléans : ſon aspect impoſant imprimoit le reſpect de la vé- nération, quoique depuis un temps con-

ſatellites de l'ancienne Police marchoient en corps, comme le Diſtrict de Saint- Roch, à l'aide de traveſtiſſemens, pour ſurprendre les Citoyens de Paris.

fidérable, il n'ait été que l'habitation de Princes déréglés & corrompus, fouillant perpétuellement la fplendeur du fang dont ils fortoient.

Sans parler du Régent de ce Prince cruel & voluptueux, ni du pere du Duc d'Orléans actuel, qui, par fon mariage avec Madame de Monteffon, a bien prouvé qu'il ne démentoit en rien la conduite fcandaleufe de fon époufe, je ne m'arrête qu'à Louis-Philippe-Jofeph, fur lequel le Peuple a tenu quelque-temps fes regards imbéciles attachés, & le confidéroit comme le protecteur de fes intérêts, lorfqu'il n'étoit, au contraire, que l'hypocrite le plus faux & le plus dangereux.

Qu'eft maintenant le Palais-Royal ? une foire publique & continuelle, l'afyle des banqueroutiers, le magafin des plus fales & des plus viles proftituées, le rendez-vous des plus infames agioteurs, l'affociation des joueurs de hafard & des efcrocs d'académies, le foyer de la difcorde & du trouble, le centre des orages publics, & l'entrepôt des tavernes.

Qu'eft donc maintenant Louis-Philippe-Jofeph d'Orléans, ce Prince bas &

abject ? C'eſt l'entrepreneur de cette foire, patron des débiteurs infideles, le ſupérieur des b**** des entreſols, le protecteur déclaré de l'agio, dont ſon biſaïeul lui a donné des notions ſi cruelles, le ſoutien des miſérables Chevaliers du lanſquenet, l'intrigant motionnaire ſecret des propoſitions & raiſonnemens incendiaires, le tavernier des Cafés de Foi & du Caveau, le reſtaurateur de l'eſtomac de l'Aſſemblée Nationale, qui reſſemble à celui d'un autruche, & le directeur en chef du Cirque, des Variétés, & des Ombres chinoiſes de Séraphin, ſans parler des Bamboches & du temple de mémoire de Curtius, qui croiroit faire un crime de leze-ſoumiſſion, en dégarniſſant ſon cabinet de la figure enluminée de ſon Commettant.

Avant la nouvelle conſtruction du Palais-Royal, les catins commerçoient à la brune, dans le jardin, & d'un bras expert & vigoureux, exploitoient les célibataires & les vieux paillards, ſous l'arbre de Crocovie; mais Louis-Philippe-Joſeph, dont l'intérêt eſt le Dieu favori, a ſuivi les avis des Gens de ſon Conſeil, qui, par une maxime aſſez ordinaire des

Gens d'affaires, encenfent la marote du maître, & fe font confidérer à force de foupleffes.

Louis-Philippe-Jofeph jugeant donc, d'après l'avis de fon Chancelier, que le commerce que les chauves-fouris du Palais-Royal faifoient dans le jardin, ne lui étoit d'aucun rapport, & nuifoit au contraire à fes intérêts, réfolut de tirer parti de cette branche lucrative à tant d'autres du voifinage, & devenir maq*** en titre d'office.

Pour cet effet, les entrefols de ces fuperbes galeries furent loués aux plus jolies catins des environs, à raifon de fix livres par chaque journée. Il eft facile de juger, par cet expofé fincere du prix, combien cette location infame rapporte à Son Alteffe Séréniffime, qui protége en conféquence le putànifme, & le met à couvert de l'inveftiture des Soldats nationaux, qui n'y peuvent jetter le grapin.

C'eft particulierement au Palais-Royal, comme je l'ai déjà annoncé, que fe jouent les jeux de hafard : chacune de ces affemblées loue un très-mince local quinze francs par jour, & je connois, entr'autres, un fieur Dupleffis, qui, nullement effrayé d'un prix auffi exorbitant, en tient trois arcades à ce prix, fur lefquelles il gagne encore la modefte fomme de cinq livres par jour, & par chacune.

C'eft de même au Palais-Royal que circulent tous les pamphlets que la Commune traite de *libelles diffamatoires*, fur-tout ceux qui parlent d'elle dans les termes peu refpectueux qu'elle mérite; & les Libraires de cet endroit royal, ou foidifans tels, mettent à très-haute contribution les productions du génie: les clubs, les cabinets littéraires y font entaffés les uns fur les autres, & la plupart tenus par des êtres abjects & méprifables, comme qui diroit le fieur Pain, fe difant Libraire, occupant le n.º 145, le plus grand fripon de ce fiecle, jadis Commis chez un Libraire, puis Recruteur déclaré de la manchette; tantôt revêtu d'habits brillans, dont la façon n'eft pas même payée, déferteur frauduleux de prefque tous les hôtels garnis, & dans tous les temps intrigant, fot, efcroc, & dont l'unique occupation eft de faire des dupes (1).

---

(1) Une des moindres anecdotes de la vie de ce perfonnage, eft le vol d'une

Après l'établissement du Cirque, des Variétés & des autres petits Spectacles du Palais-Royal, il ne manque plus à Louis-Philippe-Joseph d'Orléans que d'établir dans cette enceinte une guinguette ; alors rien ne pourra contester la réputation dont elle jouit déjà, d'être un des plus vils cloaques de la Capitale.

Tout ainsi qu'aux Tuileries, les portes du Palais-Royal, voir même les galeries, font obsédées, malgré les réclamations des Marchands banqueroutiers & des Libraires, par une partie des décroteurs des ponts, qui ont formé un diminutif de la Chambre Syndicale de la Librairie, & qui, non-contens d'avoir ainsi métamorphosé leur profession, en beuglant aux oreilles l'annonce du *Postillon*, & les séances de l'Assemblée Nationale à un sol le décret, améliorent encore leur état, en profitant de leur dextérité pour fouiller

montre d'or, sous le prétexte de la faire raccommoder. On peut s'en assurer au sieur *Royer*, au bas du Pont-Neuf, à qui elle appartient, & qui la réclamera éternellement.

dans les poches, & escamoter des mouchoirs, des montres & des tabatieres.

Les Districts de Saint-Honoré & de l'Oratoire, font monts & merveilles dans ce pourtour : le premier s'est déjà signalé par son adhésion aux principes sages de l'Assemblée Nationale sur l'infamie dont étoient souillées les familles déjà trop malheureuses d'avoir vu quelques-uns des leurs périr par la main des bourreaux : aussi la folie française, qui tire parti de tout, a-t-elle employé le burin à transmettre à la postérité le portrait d'*Isodore Agasse*, objet de la sollicitude de ce District, & le fait servir de pendant à celui du pantin *Beaulieu*, qui s'est illustré par une pasquinade.

Le District de l'Oratoire, fameux par ses péroraisons à perte de vue, se distingue des autres, par sa condescendance aux actes illégitimes de la Commune. Les Volontaires de ce District méprisent souverainement l'indépendance des autres, & prouvent, par une basse complaisance, leur attachement pour l'Hôtel-de-Ville, & maintiennent, par une obéissance servile, l'abusive autorité du Général & de la Mairie : aussi ce dernier District fait-il corps avec celui de Saint-Roch, & ne déroge en rien à sa composition.

Traversant le Palais-Royal, je viens dans la rue de Richelieu, & je pénetre dans la Bibliotheque du Roi, où les Auteurs classiques grecs & latins sont resserrés avec le plus grand soin. J'ignore si Louis XVI, abandonné à lui-même, & confiné dans la prison des Tuileries, fait usage de sa bibliotheque, pour charmer les ennuis de son honorable détention, & si, suivant l'ancienne coutume, il s'y dépose encore un exemplaire de chaque nouvel ouvrage? Il est à présumer que notre Monarque a sous les yeux une immense collection de tableaux sinistres & affligeans.

Au sortir de la Bibliotheque du Roi, où les statues des grands hommes impriment dans l'ame le respect dû aux arts & aux sciences, je passe au boulevard, où l'ancien Dépôt des Gardes-Françaises s'offre à ma vue. En contemplant ce vaste bâtiment, qui servoit autrefois d'asyle à la paresse & aux sottises des anciens *Pierrots* (1) de la Nation, je ne puis m'em-

____

(1) Ainsi nommés par les autres Militaires & la multitude du Peuple.

pêcher de fourire de l'exaltation de ces Céfars de nouvelle fabrique, qui, décorés de médailles, paffent pour être les libérateurs de la Patrie, & ajoutent, en conféquence de ce titre ufurpé, à leur orgueil, à leur infolence & à leur brigandage.

Tout eft renverfé dans Paris. Autrefois le feul nom de Garde-Françaife traînoit après lui l'horreur & le mépris; il n'y avoit forte d'excès où ne fe porte cette canaille enrégimentée. S'agiffoit-il d'un vol confidérable, d'un affaffin, les foldats aux Gardes étoient employés : femblables aux *Frattigello* d'Italie, ces fcélérats employoient les armes qui leur avoient été confiées pour la défenfe de la Patrie, à commettre les plus énormes attentats.

En voyant ces mêmes Gardes-Françaifes aujourd'hui les objets de l'enthoufiafme patriotique & des hommages publics, pourra-t-on s'imaginer que la majeure partie de ces foldats étoient enrôlés dans la bande de Cartouche, & que lorfque ce héros de grands chemins dépofa fes derniers foupirs fur une roue, à la place de Grève, il déclara que, fans les braves Gardes-Françaifes, il n'eût jamais été la terreur & l'effroi de fon temps ?

Ces Gardes-Françaifes font encore les
mêmes, malgré la ridicule vénération du
Peuple, dont ils fe prévalent pour l'humi-
lier en toutes rencontres. C'eft en vain
que l'établiffement des cafernes a femblé
mettre un frein à leur fcélérateffe. A force
de s'être rendus redoutables, ils ont engagé le Miniftere à fermer les yeux fur
leurs excès : mais en les jugeant fans par-
tialité, on ne peut s'empêcher de con-
venir, que fi, par un heureux effet du
hafard, ils font les premiers inftrumens
de la révolution, ce qui ne fût jamais
arrivé, s'ils euffent connu la fubordina-
tion, on doit gémir d'en avoir l'obligation à cette troupe mutine, dénuée de
mœurs, de principes, de fentimens &
de raifon, &, pour trancher le mot,
compofée de vrais facripans.

CHAPITRE V.

*Hors-d'œuvre, Armée parifienne, Chaffeurs
& Filles de joie.*

AVANT de continuer le cours de mes
obfervations, je crois le hors-d'œuvre

que je vais tracer, d'autant plus nécef
faire, qu'il m'épargnera la peine de par
ler en particulier de chacun de ces foixant
Diftricts, pourtant fi dignes de notre at
tention, & formant maintenant prefqu
Paris entier.

Chaque Diftrict compofé d'une Affem
blée, eft foumis à l'impulfion de la Com
mune, qui n'eft cependant qu'un affem
blage d'extraits des foixante, dirigé pa
un politique artificieux, & un fourb
adroit, qui, fous l'apparence de la publi
cité, établiffent leur pouvoir, & fe mo
quent en fecret de la confiance. *Bailly*
en qualité de Maire, préfide à la Police
& *la Fayette*, comme Général de la Mi
lice parifienne, furveille les opération
militaires.

Lorfqu'en vertu de la proclamation pu
blique, ces deux hommes animés par l
même intérêt, réunirent tous les fuffrages
& s'accorderent enfemble, pour tenir, fan
aucuns mélanges défagréables, le timor
des affaires, le Peuple, toujours émerveill
par la nouveauté, cria, au prodige. C'e
étoit effectivement un, de voir deux per
fonnages jouiffant de l'eftime & de l
vénération, paffer fucceffivement, pa
un

une conduite diamétralement opposée à
la fageffe qu'on attendoit d'eux, à des
jugemens bien différens.

Je glisse fur l'organifation des Diftricts,
fur la fermeté ftoïque de celui des Cordeliers, fur fon amour pour la vérité,
fur fa conftance & fa fermeté, fur fon
invariable intégrité, de même que fur
la molleffe des cinquante-neuf autres,
qui femblent s'accorder, pour prouver
à la Nation, fa fottife & fa nouvelle cer-
titude, pour ne m'attacher qu'au parallele
que m'offre les Comités militaires, avec
le régime de l'ancienne Police & de l'adminiftration, éteinte en apparence.

Qu'on ne foit pas furpris de me voir
placer les filles de joie à la fuite de l'armée
parifienne : comme par le paffé, cette
derniere claffe eft abfolument liée à la
premiere, & le Public ne fera, je crois,
pas fâché d'être convaincu que l'une eft
dépendante de l'autre.

Dans le temps que l'efpionnage étoit
le plus en vogue, & que les catins pro-
duifoient aux Lieutenans de Police,
12,000 liv. de revenu par an, les fuppôts
infames de cet exécrable tribunal, étoient
les receveurs de ces émolumens fecrets,

D

que l'indigne Magistrat étoit bien éloigné d'oser avouer. *Marais*, *Quidor*, dont les noms seuls faisoient trembler l'épouvantable fourmilliere des prostituées, trouvoient de même leur compte à favoriser le libertinage, ou à l'intimider: leurs goujats *Maingot*, *Grand-Maison*, *Coudchy*, *Cliquet*, grapilloient à leur tour, & les prisons de Saint-Martin n'étoient jamais remplies que par les malheureuses assez peu politiques pour refuser de s'approximer à un mouchard, ou pour ne pas s'asservir à la cadence du pouce avec M. l'Inspecteur.

A l'extinction de cette engeance vile & pernicieuse, chacun crut que désormais la Capitale ne regorgeroit plus de femmes infectées du poison destructeur de la v****; que Bailly ne se laissant pas dominer par l'intérêt, extirperoit en partie cette sequelle abominable, & qu'il n'existeroit plus d'entr'elles que celles que la politique doit tolérer, pour la sûreté de la très-mince partie du sexe honnête: point du tout; le Maire & le Général ferment les yeux sur la continuation de ces scandales horribles; ou, que dis-je? ils l'autorisent plutôt par leur foiblesse & leur aveuglement; & voici comme je le prouve.

Chaque bataillon de l'armée parisienne, composé d'une compagnie dite du centre, est le refuge des brigands, des vagabonds errans & sans aveu, dont fourmilloit la Capitale avant la révolution : la Garde soldée n'est, à proprement parler, que l'élite de la canaille parisienne, qui s'est servie de cette ressource pour se mettre à l'abri de la misere & du travail.

Les Volontaires, guidés par l'ambition de porter l'uniforme national, bien plus que par le desir d'être utiles à leur Patrie, ont abandonné leurs travaux, la conduite de leur ménage, pour promener leur oisiveté & leurs ridicules.

Cependant, il faut vivre, & les épaulettes nationales sont assujetties, comme les Porte-faix & le Général, aux besoins naturels de la vie ; & les filles de joie en ayant de tout temps présenté la facilité, si ce ne sont plus les mouchards de l'ancienne Police, qui rançonnent les prostituées, ce sont ceux de la nouvelle qui les remplacent, & qui mettent à contribution les malheureuses qui, dans ce temps de détresse, ont beaucoup de peine à vivre du trafic de leurs charmes.

Il n'eſt donc aucun individu de la Garde ſoldée, même de la plus grande partie des Volontaires, qui ne leve le tribut du maquerellage dans ſon Diſtrict, & qui, en raiſon de ce tribut, & par reconnoiſſance, ne ſe faſſe un devoir, & ne regarde comme un mérite, le ſoin de veiller à la ſûreté de ſa Dulcinée, qui ſe trouve rarement compriſe dans les enlevemens que les Diſtricts font quelquefois des femmes publiques, pour les conduire à l'Hôtel de la Force. On doit bien penſer que les héros des Gardes-Françaiſes ont donné le ton à cette indigne manœuvre de la part des troupes, & que ces médailliſtes de la Nation, décorés des couleurs de la Patrie, ſont en même-temps les ſouteneurs en chef des miſérables taudions de la ville de Paris.

Pourra-t-on croire que l'ange tutélaire de la révolution, que le protecteur de la liberté américaine, que l'émule de Francklin, le Général de l'armée pariſienne, ſoit imbu de cette licence effrénée? Oui ſans doute, il l'eſt; mais calculant ſes pouvoirs ſur le tarif de la politique, ce n'eſt pas par la vertu qu'il cherche à s'aſſurer du cœur de ſes ſoldats; c'eſt par une complaisance aveugle, & en fermant les yeux fur cet excès.

Que le Public ne fe laiffe donc plus prendre aux acclamations qu'on donne à ce Général ; elles font abfurdes, révoltantes, & indiquent la pufillanimité de fon caractere.

Parcourez ces rues, où l'honnête Citoyen ne pénetre qu'avec la plus extrême néceffité, & rougit de porter fes pas, vous les verrez remplies de ces effrontées Meffalines, qui, juchées fur une borne, racrochent publiquement les paffans, attirent près d'elles ces libertins infames, dont le corps, fouillé par la débauche, a totalement fait divorce avec la délicateffe.

Auprès de ces créatures déréglées & corrompues, eft affez ordinairement un Militaire foldé ou un Volontaire, qui eft l'amant favori de la luxurieufe proftituée, & qui n'attend que le moment où l'homme dépravé a été porter fa trèsmodique offrande dans l'égout de la crapule, pour partager avec fa bien-aimée le tribut fangeux de l'horreur & de l'indignité.

Entrez enfuite dans les cabarets dont

ces mêmes rues font remplies ; jetez les yeux aux tables infectes qui y font dé-pofées ; qu'y appercevrez-vous ? Des Mi-litaires nationaux ivres, preſſant de leurs mains brutales les appas dégoûtans de ces nymphes débordées, proférant les blaſphêmes les plus affreux contre une Nation qui les a comblé d'éloges. Pa-roiſſez n'être pas effrayé de ce révoltant tableau, alors vous verrez bientôt une de ces ſales gourgandines quitter ſon grenadier, vous propoſer une jouiſſance ou une demi-jouiſſance, ſans que le ruf-fien national s'y oppoſe, bien perſuadé que ſon profit en augmentera d'autant : vous verrez même la plupart de ces guer-riers vous accabler de politeſſes, pour vous engager à fouiller à l'eſcarcelle : mais prenez bien garde de ſuccomber à la tentation, ou craignez pour votre bourſe ou pour votre ſanté.

Cet abus, me dira-t-on, eſt peut-être ignoré des Chefs. Comment le croire, lorſque, dès le grand matin, on voit ſortir des Compagnies du centre une quantité prodigieuſe de ces femmes qui y couchent avec leurs amans en médailles, & qui trouvent, aux dépens de la Nation, un asyle qu'elles ne sauroient trouver ailleurs ?

Les fréquentes patrouilles des Districts ne sont pas capables de mettre un frein à cette abominable licence ; & lorsque, par hasard, l'une de ces impudentes coquines se trouve arrêtée par les Volontaires, qui n'ont pas encore dépouillé toute pudeur, elle est aussi-tôt réclamée par un guerrier patriote, qui, jurant énergiquement par les prétendus services qu'il a rendus, se fait rendre sur-le-champ l'infame créature qui ajoute journellement à sa paye, qui n'est déjà que trop considérable.

Maintenant à Paris tout le bourgeois est militaire, robins, marchands & artisans ; conséquemment les maîtres de maisons, propriétaires & principaux locataires, occupent, dans la Garde nationale, un grade plus ou moins conséquent, suivant ses facultés, sa fortune ou l'instigation de sa cabale. Cependant, toutes ces filles de joie sont logées dans la Capitale : les croisées de la rue Saint-Honoré annoncent aux passans, que l'appartement dont elles dépendent, est occupé par des catins, lorsque les boutiques

& les maifons appartiennent à des Lieutenans, Sous-Lieutenans ou à des Bas-
Officiers de la Milice parifienne, qui ont
cependant juré à l'affemblée de leur Diftrict de ne point louer à des filles publiques.

Indépendamment des proftituées qui
ont leurs meubles à elles appartenans,
prefque toutes les chambres garnies font
de même occupées par ces créatures; &
pour donner une idée précife de l'intérêt
que la Garde nationale a de protéger ces
effrontées courtifanes, c'eft que la plupart d'entr'elles payent un loyer confidérable à cette même Garde nationale dont
elles dépendent; de maniere que la plus
forte partie de leur gain paffe entre fes
mains; n'étant pas extraordinaire que
chacune d'elles paye un miférable galetas, à fon hôte non foldé, trois livres
ou quatre francs par jour. Ainfi font les
fieurs *Parmentier*, tenant l'hôtel de Jouy,
rue Saint-Antoine; *Canes*, de la rue Jean-
Saint-Denis; *Livron*, de la rue Fromenteau; *Dulier*, de la rue Sainte-Anne, &
maint autres taverniers bordeliftes de
la Capitale, qui efquivent, à l'aide d'un
furtout bleu, les rigueurs des ordonnan-

ces, pour preſſurer les malheureuſes com-
plices du déſordre & de la proſtitution.

Croira-t-on que ce ſoit cependant en
partie ces perſonnages crapuleux, qui
forment l'ame des aſſemblées de Diſtricts?
Croira-t-on que ce ſoit eux, qui, dans leur
jour de garde, ſoient obligés de veiller
à la ſûreté des mœurs & à la tranquillité
publique? Croira-t-on de même, qu'ils
rempliſſent ſtrictement leurs obligations?
& le Peuple, qui s'endort avec ſécurité
dans cette confiance, croit-il ſes défen-
ſeurs aſſez ineptes pour déclarer la guerre
à ces femmes-perdues, dont ils retirent
d'auſſi prodigieux bénéfices? La choſe n'eſt
pas poſſible, & l'établiſſement ſi néceſſaire de la Milice nationale, auſſi mal
géré, n'a produit qu'un mal de plus,
en fourniſſant à la milice des proſtituées
le moyen ſûr de procéder avec une in-
ſolente tranquillité, à la continuation de
leur déteſtable commerce.

C'eſt principalement dans les quartiers
Saint-Martin, Saint-Honoré, qu'il eſt
poſſible de ſe procurer la connoiſſance
exacte de ces vérités odieuſes; mais ce
que la majeure partie du Public ignore,
c'eſt l'affreux trafic que ces propriétaires,

ou principaux locataires font en même-temps pour mettre en état ces mêmes femmes de procéder à leur indigne métier, ce qui en augmente confidérablement le nombre.

Dans la quantité de ces libertines, il en existe beaucoup qui n'ont pas en propre une chemise, & qui cependant étalent, toutes les foirées, un luxe le plus insultant. Comment font-elles? C'est le plus souvent leur hôte qui obvie à cet inconvénient, au moyen d'un prix exorbitant; de maniere qu'en changeant de chambre ou de quartier, celle qu'on avoit vue la veille si pomponnée, & en impoſer aux Jardins publics, par une mise brillante, se voit, le lendemain, dans la charrette deſtinée à conduire à l'Hôpital-Général de la Salpêtriere, les viles infantes de l'impudicité, revêtue de ſales & méchans haillons, ou ſoulager les manœuvres du Pont de Louis XVI, & les miſérables employés aux travaux publics, derriere les pierres de la Place Louis XV.

Croira-t-on encore, que tandis que le Volontaire national pourchaſſe, dans les rues, les femmes proſtituées, que ſa maiſon en eſt remplie? Croira-t-on que ſa femme en fait les honneurs, & soit celle qui se déshonore à jamais, par une location aussi infame que celle que je viens de citer? Le fait est cependant on ne peut plus réel; & pour peu qu'on soit curieux de connoître combien il est nécessaire que gagne par jour ces indignes créatures, qui n'ont rien à elles, je vais mettre sous les yeux de mes Lecteurs, le tarif de ces loyers de vêtement, qui m'a été procuré par le sieur *Fontaine*, Sergent des Grenadiers de l'Oratoire, qui tient, rue Tirechape, l'hôtel de la prostitution, connu, par parenthese, sous le titre de l'hôtel de la Vierge, lequel m'a assuré que c'étoit un prix fait chez lui & chez ses honnêtes confreres.

Une chemise.	10 s.
Un deshabillé.	15
Un bonnet.	10
Des bas.	5
Un mouchoir.	5
Un tablier.	4
Chambre.	1 l 19

$$4 \text{ l. } 5 \text{ s.}$$

Le tout sans boire ni manger. Je laisse à juger, d'après le total de cette somme, qui n'eft encore pris que dans la claffe des barboteufes qui bordent les ruiffeaux de ces petites rues puantes, combien il faut de légeres pieces de monnoies pour leur procurer l'exiftence! Que feroit-ce, s'il étoit queftion de récapituler les frais que font journellement les élégantes ra-crocheufes d'un état plus relevé!

Il eft à obferver que les hôtels garnis des rues Jean-Saint-Denis, du Chantre, Fromenteau, Champ-Fleury, & quantité d'autres, font tenus par des Volontaires nationaux, & prefque tous aux mêmes conditions; que le Maire, tout auffi inf-truit que l'ancienne Police, ferme les yeux fur cet abus énorme, qu'il le tolere, & fournit conféquemment, par cette con-damnable indulgence, matiere à mille vols & à quantité d'infamies, dont les auteurs femelles ne font que très-legere-ment punis, d'après la protection qui leur eft accordée par ceux qui leur louent, contre toute juftice & honnêtété.

Dans la circonftance malheureufe que nous venons d'éprouver, combien n'é-toit-il pas prudent & néceffaire d'oppofer une digue à ce torrent d'ordures, dont les fuites pouvoient devenir fi funeftes!

C'est pourtant ce que la sagesse du Maire Bailly & du Général la Fayette n'a pas cru digne de sa remarque & de son attention. Les gens sans aveu, les partisans de la débauche & de la corruption, ont toujours existé dans la Capitale; les filoux, les joueurs, ont trouvé, par cette tolérance, de sûrs asyles pour ensevelir la connoissance de leurs brigandages; & au moyen de 24 s. par nuit, changeant tous les jours de domicile, ils bravoient ainsi la vigilance du Ministere, & bravent encore les précautions des Districts, qui s'occupent bien moins de veiller à la sûreté des habitans, qu'à des tracasseries puériles qui ne servent à rien.

Les Chasseurs nationaux, créés, dans l'institut, pour aller au-devant des ennemis de l'Etat, en découvrir les manœuvres, en prévenir les attentats, ne sont plus à présent, malgré que l'orage ne soit pas totalement détourné, que les supports des Commis de barriere, & les destructeurs des infortunés qui cherchent à se procurer les moyens de vivre, en passant en *fraude*, puisque c'est l'expression des voleurs des cinq Fermes réunies, les denrées qui payent de si grosses entrées aux murs redoutables construits par la rapacité des Fermiers-Généraux. Aussi n'est-ce pas sans raison que les autres Militaires nationaux sont perpétuellement en discorde avec eux. Je soutiens qu'il est ignoble à des Français de prêter leur assistance à des déprédations manifestes, qui, loin de soulager la Nation, la minent & la plongent dans l'infortune.

Non que ces Chasseurs, si ridiculement nommés nationaux, soient constamment attachés à l'obligation qu'ils ont contractée de prêter les mains à cette perception barbare: ils détruisent en effet les contrebandiers, mais en faisant eux-mêmes la contrebande; & les barrieres de la Courtille, des Porcherons, de la Pologne, sont les fréquens passages qu'employent les Chasseurs, pour commercer eux-mêmes les denrées prohibées, & trahir leurs engagemens; & le comble de la démence du Peuple à cet égard, est porté si loin, que la plupart de ces Chasseurs, qui semblent pourvoir à sa sûreté & au soin de veiller à l'interruption de la fraude, en sont au contraire les plus fermes appuis. Ah! pauvre Peuple, combien tu es abusé!

CHAPITRE VI.

Quai du Louvre, de la Mégisserie, dit de la Ferraille, & le Châtelet.

QUE présente maintenant à tous les yeux le spectacle des quais? Celui du Louvre & celui de la Ferraille, l'aspect terrible des effets de la révolution, le tableau pitoyable de la plus affreuse misere, la déchirante image de la situation misérable de la Nation. On ne peut maintenant plus faire un pas dans ces endroits, sans être coudoyé par un mandiant, un filou, ou quelques-uns de ces aboyeurs du quai des Augustins, qui prétendent insolemment vous forcer de faire l'acquisition des misérables résumés *de la Cour & de la Ville.* Sur celui du Louvre, vous voyez, dans des dégoûtantes échoppes, quelques débris de la table royale, dévorés des yeux par un Peuple exténué & mourant de faim, en proie à toutes les horreurs de l'indigence & de la pauvreté.

Le long des murs de ce Château royal sont entassés les uns sur les autres, cette vermine affreuſe qui donne à jouer, au plus modique prix, aux jeux inventés par l'eſcroquerie la plus manifeſte. Le deſir d'augmenter ſon mince avoir par quelque bagatelle, engage le malheureux à y ſacrifier le peu qu'il poſſede, & il ne s'en retire qu'abîmé par la douleur & le déſeſpoir, & n'ayant devant les yeux d'autre perſpective que la riviere de Seine, la ſeule conſolation que puiſſent maintenant enviſager les infortunées victimes des déſaſtres de la Nation.

Depuis la révolution, depuis que la Nation s'eſt ridiculement mis en tête que la préſence du Roi de France dans la Capitale, ſeroit l'aurore du bonheur; depuis que l'abondance ſembloit attachée à cet acte de violence, on compte, récapitulation faite, deux cents quatre-vingt-huit perſonnes qui ont trouvé, dans le ſein des eaux, la fin de leurs miſeres. Voilà les bienfaits ineffables de la révolution; voilà la ſuite funeſte de l'expatriement des Princes, & voilà les douceurs du patriotiſme. Il eſt même étonnant que la Juſtice inhumaine & barbare n'ait pas, ſuivant ſon antique & cruel uſage, fait traîner ſur la claie les

Citoyens

Citoyens qui se sont portés à cet acte affligeant du désespoir, & se sont assurés par-là des premieres prérogatives de la liberté.

Que voit-on donc sur ce quai? Rien que de sinistre & désespérant ; rien qui ne retrace à la vue que des tableaux douloureux, bien propres à inspirer une profonde mélancolie aux philosophes sensibles & amis de l'humanité.

Au bout de ce quai, est la Paroisse royale Saint-Germain-l'Auxerrois, où Marie Antoinette a reçu, le Mercredi-Saint de cette année, la rémission de ses égaremens, par l'organe d'un Prêtre, trop habile pour oser la lui refuser ; puis ensuite, suivant l'usage, son Créateur, qui, annuellement, fait élection de domicile dans les entrailles de Leurs Majestés, a sanctifié, par sa résidence, l'ame de la Reine de France. O vous, incrédules & blasphêmateurs ! doutez après cela de l'étonnant mystere de la transubstantiation, & doutez des vertus de votre Reine, sans attirer sur vous les foudres évangéliques & celles du Châtelet, tout aussi à craindre !

Les actes les plus sacrés de religion

font d'étiquettes à la Cour comme partout ailleurs. Au moment où j'écris ce chapitre, l'étiquette fait abattre des maisons, pour faciliter le passage de Sa Majesté Louis XVI à sa Paroisse ; comme si, pour cet acte dévotieux, un Roi avoit besoin de plus de place qu'un autre, & si l'oint & sacré du Seigneur ne pouvoit pas aussi bien passer dans le même endroit que passe journellement le viatique des malades, sans tambour ni trompette.

C'est à cette même Paroisse, que Madame Premiere de France doit faire sa premiere communion : cette pompeuse cérémonie donne déjà matiere aux raisonnemens publics, & chacun assure diversement ses conjectures. La Reine sa mere, qui, depuis un certain temps, profite des circonstances qui peuvent la rapprocher du Peuple, & la rétablir dans l'esprit des Parisiens bénévoles, avoit résolu d'illustrer cette cérémonie par des mariages ; mais effrayée par le détail de la misere horrible qui régne dans la Capitale, & ne pouvant se dissimuler que ce seroit la propager infiniment, que de fournir l'occasion de donner la naissance à une prodigieuse quantité de malheureux, qui, par la fuite, pourroient murmurer de fes bienfaits, a changé de fentiment, & fa générofité confiftera à revêtir les jeunes & jolies colombes qui fe difposent, dans cette Paroiffe, à s'unir à Dieu, par la communion pafchale, & qui ne peuvent s'habiller auffi décemment que l'exige cette action, de robes blanches, femblables à celle de l'augufte Princeffe, qui fera en tête; & Dieu fait, & moi auffi, que M. le Curé de Saint-Germain-l'Auxerrois, & l'Abbé le Tailleur, cet impudique inftituteur de la jeuneffe, tout auffi licencieux que l'Abbé le Fevre de Saint-Roch, gagneront à cette affaire.

Je fuis fur le quai de la Ferraille, où je ne vois plus la même quantité de Recruteurs, depuis l'inftitution de la Milice parifienne: ce n'eft pas un malheur; ces vils marchands de chair humaine, n'employeront peut-être plus leurs indignes fubterfuges, pour corrompre & égarer la jeuneffe, & je ne verrai peut-être plus des fcélérats tels que le *Lebas, Morel, Turcaty, Monroty,* & quelques autres malheureux décorés de la croix de Saint-Louis, par le plus infame des abus, déshonorer la profeffion militaire, par la

conduite la plus horrible & la plus scan-
daleuse.

Suivant mon chemin, j'arrive jusqu'au
Châtelet, & je ne puis m'empêcher d'être
étonné comment M. Mercier a pu se
livrer à des détails si circonstanciés dans
son Tableau de Paris, sans nous donner
une description exacte & étendue du Châtelet, & de se contenter de ne nous en
donner que les renseignemens qui ne pouvoient échapper à la vue. Je suis bien
éloigné de prétendre à l'énergie de son
style, mais je me console de n'y pouvoir
atteindre, en remplissant mon but, celui
d'instruire sur la situation présente, des
objets que je dépeins.

Qu'est-ce que le Châtelet d'à-présent ?
Le refuge des scélérats en robes de la
Judicature, & l'antre où l'on resserre péle-
mêlé les voleurs, les criminels de leze-
Nation, les assassins, & les Ecrivains véridiques, contre toutes les loix. *Héquart*
& *Martin* sont les cerberes de cette maison, & ces Guichetiers se font un indigne plaisir de tourmenter les misérables
qu'une étoile maudite a conduits dans
leurs filets. Malgré le nombre considérable des prisonniers transférés à l'Hôtel

de la Force, les cachots, les chambres du Châtelet en font remplis, & il eft inconcevable que les maladies peftilentielles n'y foient pas plus fréquentes, d'après l'indigne maniere dont cette affreufe prifon eft adminiftrée, par les foins du fieur de *Brunville*, Procureur du Roi, le fcélérat le plus inhumain, le plus féroce, le plus barbare & le plus dénaturé de ce fiécle (1).

Les vers pompeux & fublimes de Santeuil, pofés fur la porte de la Chambre criminelle, donnent fans ceffe un démenti formel à la conduite du fieur *Bachois de Villefort*, le Lieutenant-Criminel, ce tartuffe le plus inique des Magiftrats, qui brave l'équité dans fes jugemens frauduleux, infpire l'horreur & le mépris ; & le moment qui verra anéantir cet exécrable dépofitaire de Thémis, fera le moment de la félicité.

Thorry, le Greffier en chef, le Secrétaire de *Bachois de Villefort*, fon ame

____

(1) Perfonne, je crois, n'ignore l'indigne action du fcélérat de *Brunville*, qui fit conduire fon pere à Charenton, fous prétexte de démence. Quelle atrocité !

damnée, son confident intime, réunit à la scélératesse du Maître, toute la bassesse du Valet; à la friponnerie la plus insigne, la dureté, l'égoïsme, & la plus révoltante avarice.

Avant de quitter ce triste domicile, habité par le crime, l'infortune, je dois un détail sur la collusion & les iniquités qui regnent dans ce séjour d'horreur: le plus affreux brigandage s'y commet impunément; ce n'est qu'au poids de l'or, que les coquins les plus déterminés obtiennent leur élargissement: rarement la Justice prononce sur les délits; l'insatiable soif du gain, fait seule pencher la balance, & il s'en trouve quantité, qui sont sortis de cette infame prison souillés de forfaits, & qui y sont rentrés coupables de nouveaux vols, avec l'assurance de faire trouver sa cause bonne, par le moyen de l'agent irrésistible, & le secours de MM. les Lieutenans & Greffiers; & voici comment ces indignités s'exécutent.

Les Conseils établis pour prendre la défense des accusés, ne sont, à proprement parler, que des êtres inutiles employés pour aveugler le Peuple sur la légalité des jugemens. Les Conseils utiles aux criminels, font les Greffiers & leurs vils agens, qui, pour de l'argent, se servent des moyens les plus condamnables pour favoriser les délinquans. Dès qu'un homme accusé, atteint & convaincu, pris pour ainsi dire sur le fait, est écroué sur les registres du Châtelet, il est conduit au cachot, & la barbarie, l'inhumanité s'exercent à son égard : ce n'est pas dans la vue de le punir d'avance de ses crimes, mais bien dans celle de l'effrayer & de le disposer à se prêter de bonne grace aux secours qui ne font pas tardés à lui être offerts par les monstres indignes en possession du Greffe.

Si c'est un malheureux sans ressources, il ne reçoit point de visites consolantes ; & bien instruits sur le peu de fonds qu'il y a à faire sur ses facultés, les suppôts du Juge prononcent sa sentence de mort ou d'infamie, & rien ne peut l'y soustraire.

Si, dans le cas contraire, l'écroué est reconnu pouvoir faire des sacrifices pécuniaires à la sordidité des Juges, & à la cupidité de leurs préposés, alors sa cause, telle inique qu'elle soit, présente une autre face ; & bien que suivant le cours nouveau des procédures, il soit interrogé, récollé, confronté publiquement, que le délit soit notoire, il ne s'en retire pas moins abfout, & cette abfolution eft le fruit des honteufes manœuvres du Châtelet.

Les procès-verbaux font falfifiés ; fes réponfes lui font dictées : les Greffiers intimident, menacent les Parties adverfes, en obtiennent un défiftement formel : le Juge, à la vue des efpéces, relâche de fon intégrité ; & c'eft fouvent le cinq ou fixieme jugement de cette nature qu'a fubi l'accufé.

Mais malheur à celui qui n'a pas d'argent ! La plus grande induftrie, les fineffes multipliées des fcélérats détenus, ne peuvent vaincre celles des fcélérats qui jugent & qui écrivent ; & il ne refte d'autre reffource au coquin emprifonné en attendant le moment prédit pour lui du gibet ou du carcan, que celle de fouiller dans les poches des étrangers qui viennent dans cette prifon ; ce qu'il exécute avec la plus grande dextérité, & de compofer enfuite avec les fieurs *Héquart* & *Martin*, qui fe chargent honnêtement de revendre les larcins faits au Châtelet, en retenant judicieusement moitié pour le droit de vente.

Mais ce qui doit paroître inconcevable, c'est qu'en cas pareil, le voleur est puni rigoureusement par les Guichetiers, lors-que, par maladresse, il se laisse prendre sur le fait. A voir ces Messieurs appli-quer sur les épaules du fouilleur de po-ches, une volée de coups de nerf de bœuf, on s'imagineroit bien qu'ils sont les plus honnêtes-gens de la terre; mais on est bien éloigné de penser que ce n'est que sa gaucherie qui est corrigée, & que le désespoir de perdre sa proie a plus de part que l'équité, à la violence du Geolier.

Sortant de la Chambre civile & des Chambres criminelle & prévôtale, vous montez à la Buvette : c'est là qu'on peut être témoin de la véracité de ce que je viens d'annoncer concernant le Châtelet; c'est là que, dépouillé du masque d'hon-nête-homme, Greffiers, Huissiers-Audien-ciers, & en général tous les larrons civils & criminels se rendent mutuellement compte des extorsions du jour, & que, par le parfait rapport d'humeurs, de pas-sions & de sentimens, tous les états sont absolument confondus. Le Robin y fait société avec les mouchards de Robe-Courte, qui se dédommagent de l'ancien régime, en grapillant, en vertu du nouveau. *Bertrand, Samson*, les deux coryphées de cette sequelle infernale, ne rougissent pas de dénombrer leurs faits & gestes. Il n'est pas jusqu'au Buvetier même, qui, profitant de la liberté de se livrer à toutes les atrocités imaginables, s'associe avec tous ces Messieurs.

Tel est donc le Châtelet; tel est cet édifice dont l'extérieur effrayant annonce la barbarie & l'inhumanité. On ne peut, sans frémir, en considérer l'extérieur. Que seroit-ce, si l'extrait que je viens de donner de l'intérieur, n'étoit pas aussi borné! La Nation sans doute seroit indignée d'y voir journellement exposées la vie & la fortune des Citoyens.

CHAPITRE VII.

La Grève, l'Hôtel-de-Ville.

SORTANT d'un gouffre, on retombe dans un autre; ainsi débarrassé des dangers que présentoit *Caribde*, on ne pouvoit éviter *Scilla* ; de même celui qui, par un miracle inespéré de la Providence, s'est soustrait aux écueils du Châtelet, ne peut gueres se flatter d'échapper à la verge de fer de l'Hôtel-de-Ville.

Avant de pénétrer dans ce nouvel antre du despotisme, qu'on me permette de jetter un moment les yeux sur la Place de Grêve, ce nouveau théatre d'événemens horribles & attendrissans. La postérité pourra-t-elle, sans émotion, fixer cette Place où se sont succédés, sur-tout depuis l'époque de la révolution, les actes les plus terribles & les plus flatteurs ? Je ne sais trop par quel choix cette Place, destinée aux supplices des criminels, a presque toujours été l'endroit où se sont élevés les arcs de triomphe, annonçant à la Nation les époques des fêtes publiques, & où se sont célébrés les divertissemens, suite des naissances de nos Princes du Sang royal.

Avant les atrocités commises par le Peuple Français à cette même Place depuis le 13 Juillet 1789, on ne s'étoit pas encore livré à ces réflexions ameres & déchirantes ; & l'on avoit vu d'un œil sec les mêmes poteaux qui avoient servi à ténailler *Ravaillac* & *Damien*, servir de base & de support aux feux d'artifices tirés en réjouissance, & les mêmes écha- fauds sur lesquels étoient expirés *Car- touche*, *Nivet* & mille & mille autres, servir à placer des Ménétriers, qui, dans ces divertissemens, faisoient danser le Peuple sur les cendres des malheureux brûlés vifs, aux mêmes endroits, par Arrêt de la Cour du Parlement, dicté par le fanatisme & la superstition.

Mais depuis la révolution dont le Peu- ple s'applaudit avec tant d'orgueil & d'ineptie, la Place de Grêve s'est encore trouvée le théâtre de semblables scènes, & les sens n'en ont pas été plus révoltés. Foulon, Berthier, de Launay, les freres Agasse, Favras, un malheureux Boulan- ger, victime de l'esprit de révolte & de la fureur inconsidérée d'un Peuple aveugle & frénétique ; enfin, tous ceux qui ont perdu la vie dans cette circonstance mal- heureuse, innocens ou coupables, n'ont pas eu plutôt les yeux fermés à la lumiere, que leurs obseques ont été célébrées par des solemnités extravagantes & des fêtes injurieuses pour l'humanité.

Que ne puis-je lire dans les cœurs,

comme j'ai lu sur presque tous les visages, depuis ces momens désastreux de troubles & d'horreurs ! Je me plairois à rendre compte des manœuvres qui se passoient dans l'ame de Louis XVI, lorsqu'il montoit la premiere fois d'un pas foible & chancelant, les degrés de l'Hôtel-de-Ville, les mêmes degrés dont avoient été arrachés avec violence les martyrs de la révolution, pour les livrer au massacre demandé à grands cris par un Peuple qui jouit fort injustement de la réputation d'être un Peuple bon (1).

---

(1) Une anecdote du 28 Mars 1790, fournit à cet égard un exemple du caractere des Français. Le Roi, la Reine & la Famille Royale, allant visiter la Manufacture des Glaces du faubourg Saint-Antoine, furent arrêtés à la place de l'ancienne Bastille, par les acclamations ordinaire d'un Peuple léger & inconstant. La Reine dit alors : *Que ce Peuple est bon, quand on vient le chercher !* —*Oui, mais il n'est pas si bon, quand il va chercher*, répondit quelqu'un. —*Ah ! c'est qu'alors il est guidé par une impulsion étrangere*, ajouta la Reine. Marie Antoinette

Je dirois aussi ce que pensoit ce Monarque, lorsque se montrant à la fatale croisée de ce même Hôtel, ses yeux se portoient sur le reverbere ministériel, instrument de la rage de son Peuple. Si la satisfaction de ramener en apparence, le bon ordre & la tranquillité, animoit ses traits, son ame ne devoit-elle pas être assaillie par la douleur & les regrets, en contemplant ce funeste monument?

Je peindrois de même les sentimens secrets des créatures vénales qui entouroient le Roi de France, lors de cette démarche prouvant sa candeur & son urbanité, & tout-à-la-fois l'artifice de nos nouveaux mentors. Que de mysteres d'iniquités seroient dévoilés! que de pensées affreuses seroient révélées! O Nation! combien de reproches n'aurois-tu pas à te faire, en lisant à livre ouvert la douleur de ton Roi, & le contentement particulier des instigateurs de tes violences criminelles, qui te souilleront à jamais dans l'esprit des races futures!

Mais un tableau bien plus intéressant

____

raisonnoit-elle juste en cet instant? Je le laisse à penser.

encore, seroit la peinture des réflexions de la Reine de France, promenant ses regards sur le même objet, lorsqu'amenée, contre son gré, à l'Hôtel-de-Ville, par le rebut des halles, & la vile populace de Paris, & ayant essuyé, pendant la durée d'une route lente & cruellement cérémonieuse, les imprécations les plus atroces & les plus effroyables blasphêmes; elle ne pouvoit sûrement s'empêcher de s'accuser intérieurement d'être en partie la cause de ces événemens sinistres, & de se dire, en voyant cette fameuse lanterne : *Hélas ! où m'a conduit le frivolisme & l'inexpérience ? Dans la quantité de ce Peuple qui se porte en foule sur cette Place, sans doute la plus forte partie m'a desirée au même endroit où sont péris les agens de mes volontés.* Car on a beau dire que la vérité ne parvient jamais que par étincelles aux oreilles des têtes couronnées; dans ces instans, Marie Antoinette ne pouvoit douter aucunement des sentimens du Peuple à son égard, puisque, depuis son départ de Versailles, jusqu'à son arrivée à l'Hôtel-de-Ville, elle en avoit entendu l'exclamante expression.

Enfin, depuis ce même 13 Juillet 1789,

les feux de joie ont fuccédé, dans cette
Place, aux maffacres, & les maffacres aux
feux de joie, avec la plus inconcevable
rapidité : les lampions funéraires ont éclairé les devifes patriotiques de Louis XVI,
& les fiecles antérieurs n'ont jamais vu
aucun Peuple paffer alternativement, &
en auffi peu de temps, de l'horreur à la
gaîté. Pouvons-nous attendre de voir
arriver le terme de ces cataftrophes, en
voyant tous les jours le peu de fonds qu'il
y a à faire fur les opérations d'une Nation perpétuellement en contradiction
avec elle-même ?

De la Place de Grêve, je monte à
l'Hôtel-de-Ville, & je demande à tous
ceux qui feront tentés de répondre à mes
obfervations, fi c'eft réellement dans le
temple de la paix que Louis XVI eft venu
promettre au Peuple Français d'avoir continuellement les yeux ouverts fur fon bonheur & fa félicité ; fi ce n'eft pas, au
contraire, dans l'afyle où fe réfugient
journellement les ennemis réels de la Nation, qui, parés de titres impofteurs, ont
commencé par afficher les dehors fédui-
fans de la popularité, pour fubjuguer le
Peuple avec plus d'avantage.

Je

Je ne vois maintenant plus que des Bureaux dans cet Hôtel, où se signent les proclamations les plus malignes & les plus insidieuses, sous les auspices d'un Maire dont j'ai déjà dépeint le caractere, & ceux d'un Général d'armée du Peuple, qui sottement enorgueilli de sa grandeur, a la tête exaltée, le cerveau gonflé de chimeres, & que je ne puis mieux comparer qu'à nos ballons aréostatiques, qui, planant dans les airs, font crier au merveilleux, lorsqu'en effet ils ne font que du vent.

Tel est la Fayette, ce héros préconisé de deux jours, ce grand homme, dont l'effigie efféminée, a succédé sur les tabatieres, aux *levrettes* & aux portraits du singe du gros *Thomas.*

Qu'est-ce que la Commune ? Et entreprendrai-je d'en donner l'analyse ? & à quoi bon ? Non, sans doute. Pour en avoir une juste idée, il me suffit de dire que c'est un monstre formé de lui-même, dont l'origine annonçoit le bien ; mais qui, parvenu à la force qu'il ambitionnoit, montre maintenant ses dents voraces, & qui ne se signale que par les dégâts & les vexations.

F

Cette Commune pourra-t-elle long-temps fermer les yeux d'un Peuple, qui commence à voir tout le faux de l'illusion qui l'avoit si fort prévenu? Je ne le crois pas. Aussi n'est-ce pas sans raison, que se servant adroitement d'une autorité usurpée, il écrase les soixante Comités, dans lesquels il en existe quelques-uns, notamment celui des Cordeliers, qui ont abjuré la bonhommie des autres, pour déclarer une guerre légitime aux tyrans de l'Hôtel-de-Ville.

Je renvoye ceux qui pourroient révoquer en doute mes assertions sur l'Hôtel-de-Ville, aux décisions de cette Municipalité provisoire, affichées dans tous les carrefours. On y verra un Procureur-Syndic poursuivre insolemment le panégyriste non suspect des travaux dangereux de la Commune, sur le requisitoire d'un *mitoufflet* ou d'un Midas, qui, malgré le volume *in-folio* de la perruque dont sa tête chauve est couverte, ne peut parvenir à cacher les oreilles d'âne dont la nature l'a si sagement pourvu.

On y distinguera *Vauvilliers*, le *Farinier de la Commune*, travailler avec ardeur, non aux subsistances du Peuple, mais à l'avidité que reſſentent, pour un gain frauduleux, les Commiſſaires infideles de la Nation ; enfin, on diſtinguera, dans tous leurs faux préambules, la nuance d'intérêt qu'ils n'ont ceſſé d'avoir devant les yeux, de s'enrichir aux dépens de leurs Commettans ; ce qui eſt déjà preſque totalement fait, & avec tant de précautions, que quand, pour le bonheur de tous, le moment annoncé d'une nouvelle organiſation de Municipalité viendroit à ſe réaliſer, les nouveaux venus, qui, ſuivant le plus funeſte des uſages, reſſembleroient à coup ſûr aux anciens, trouveroient à peine à grapiller, & l'on pourroit leur adreſſer le refrein de la chanſon :

Adieu paniers, vendanges ſont faites.

Les rentes ne ſe payent plus à l'Hôtel-de-Ville ; elles ont été payées cahin-caha, au Palais-Cardinal, puis aux Grands-Auguſtins ; & ſuivant le train actuel des choſes, bientôt elles ne ſe payeront plus nulle part ; & malgré les eſpérances flatteuſes dont les Adminiſtrateurs des finances, le ruſé *Necker* en tête, ne ceſſent de nous bercer, je doute qu'on voye arriver le moment deſiré, que le Citoyen attend depuis si long-temps, de pouvoir vivre sur ses revenus, & la sentinelle qui garde l'entrée des Bureaux des Payeurs, pourra y devenir aussi inutile, que celle qui garde le Trésor royal, qu'on peut regarder maintenant comme un hôtel à louer.

Les enfans élevés sous l'invocation du Saint-Esprit, & qui, au mépris des intentions des Fondateurs, & des personnes charitables qui versent dévotement dans les troncs de cet Hôpital, vont escorter les enterremens célébres sous la condition de dix sols, & d'un flambeau, ont été obligés de déguerpir pour aller aux ci-devants enfans de Saint-Bernard, près la nouvelle place aux Veaux, à l'effet de céder la place aux frippons en sous-ordre de l'Assemblée des Communes : ainsi l'on a vu les *Chevaux du Manege* abandonner leur rateliers à Nosseigneurs de l'Assemblée Nationale, qui, au nom du *Roi* & de la *Loi*, dévorent à belles dents.

Avant de continuer mes observations sur ce qui me reste à décrire des objets qui composent Paris actuel, je vais en bloc rassembler la partie ecclésiastique,

afin d'égayer un peu mes peintures déjà
trop affligeantes pour des Lecteurs fen-
fibles.

CHAPITRE VIII.

*Métropole , Paroiffes , Couvents , Bigoteries ,
Superftitions , Larcins facrés , Erreurs
& Supercheries religieufes.*

LA Métropole, fous l'invocation de
Notre-Dame, a été, depuis la révolution,
le théâtre, fans profit, des Bamboches nationales : auffi MM. les Chanoines, déjà
réduits au plus violent défefpoir, de voir
rogner fi cruellement leurs prébendes,
par les larrons de l'adminiftration préfente, ont-ils laiffé au bas Chœur le foin
de faire les honneurs de ces faftidieufes
& burlefques cérémonies , ordonnées par
le polichinel de l'armée parifienne, qui
fûrèment, étoit le feul qui favoit à quoi
s'en tenir fur toutes les charades militaires.

Le fourbe & fanatique *de Juigné*, qui
craignoit de fe voir lapidé de nouveau

par le Peuple, s'eſt ſeulement réſolu à bénir, d'une main ſacrilége & accoutumée aux forfanteries, les drapeaux précieux de la prétendue liberté. Puis jugeant que le mépris qu'il avoit inſpiré, s'effaceroit difficilement, il a délivré de ſa préſence, ſes ouailles, dont il eſt juſtement abhorré; mais ſans oublier la précaution de recommander à Meſſieurs ſes Grands-Vicaires de ne ſe relàcher en aucune maniere de ce qui lui pourroit revenir de ſes droits archiépiſcopaux.

Le tréſor de la Métropole eſt, ſans contredit, un des mieux fournis de la Capitale; & dans la détreſſe générale, & dans l'affreuſe circonſtance où nous ſommes réduits, par la diſette du numéraire, il pouvoit, à lui ſeul, fournir une immenſe quotité d'eſpèces; & quand le croupion de l'Archange Michel, enchaſſé d'or maſſif, & rehauſſé de rubis; l'anus de Sainte Anne, le prépuce de l'enfant Jeſus, la couronne d'épine du Roi de Judée, l'orteille de Saint Chriſtophe, l'anneau avec lequel Jeſus-Chriſt fiança Sainte Catherine, la coupe dans laquelle il but, lorſqu'il fit, aux noces de Cana, ſon premier tour de gibeciere, ſi propice aux

Marchands de vin , le tout richement conservé dans des vases & cassolettes de même matiere, & orné aussi précieusement, auroient été envoyés à la fonte, tous ces bienheureux ne s'en seroient sans doute pas formalisés : il est vrai que nous n'en aurions pas été beaucoup plus heureux, & que ces matieres se seroient sûrement converties, comme les dons patriotiques, en eau de boudin, & auroient immanquablement passé des creusets de l'Hôtel des Monnoies , dans la poche de Nosseigneurs de l'Assemblée Nationale, & autres Administrateurs, qui se soucient très-peu de prendre des repas à quatre livres par tête, d'autant mieux que c'est nous qui payons l'écot.

De Notre-Dame, je passe à Sainte-Genevieve, dont les Desservans, depuis le 13 Juillet 1789 , ont plus mangé de brioches, que les Parisiens de pain. Une des circonstances des plus plaisantes, produites par la révolution , étoit de voir passer sur les quais, toutes ces processions imitées & calquées sur les promenades publiques de Mardi-Gras , & de ses Confreres, escortées des musiques nationales, & guidées par le drapeau du

Diſtrict qui étoit en marche, conduites militairement au ſon des mêmes cloches, qui, peu de temps auparavant, avoient ſonné le tocſin près de la Gardeuſe de moutons de Nanterre, pour obtenir, par l'interceſſion de cette ingrate Patronne de Paris, une amélioration dans le ſort des habitans de la Capitale.

Le plus ſingulier de ces événemens, qui ajoute aux ridicules dont nous nous ſommes ſurchargés depuis la révolution, c'eſt qu'au même inſtant que la ſottiſe pariſienne employoit la plus fine fleur de farine pour avitailler la monacaille génovéſine, le Peuple ſe battoit à la porte des Boulangers de la Ville, pour avoir du pain compoſé de farines échauffées, corrompues, & réellement empoiſonnées, que le plus fort diſputoit au plus foible; qu'il y perdoit le plus ſouvent inutilement ſon temps & ſon argent, & ſe retiroit déſeſpéré de ne pouvoir porter dans ſa famille que le demi-quart de ce qui étoit néceſſaire à ſa nourriture, & ce, graces aux ſoins empreſſés du Comité des Subſiſtances, & à la lâcheté des accapareurs, qui, ne pouvant plus compter ſur l'exportation des grains & des farines, avoient le plus grand intérêt à paſſer & vendre celles qu'ils avoient indignement laiſſé gâter, pour ſatisfaire leur inſatiable cupidité.

On obſervera que, pendant la durée de ces promenades populaires, les meſſes n'étoient pas gratuites; que l'on ne pouvoit l'entendre ſans billet; que la Fermiere des chaiſes de Sainte-Genevieve, ſuivant les clauſes particulieres de ſon bail, rendoit au Chapitre cent francs de plus par chaque meſſe patriotique, & que le célébrant ne montoit point à l'Autel pour offrir au Peuple l'holocauſte de la Nation, ſans ſe munir du plat de l'offrande, & ſans avoir, au préalable, reçu le ſalaire de ſon ſaint ſacrifice, qui lui rapportoit infiniment plus qu'une meſſe de *Requiem.* Les ſottiſes des vivans, & la vanité ridicule des morts, ont toujours été à Paris, plus que dans aucun autre endroit, le plus fort honoraire de la mere ſainte Egliſe, qu'on peut regarder, d'après la conduite des Prêtres, comme une marâtre qui s'amuſe à dépouiller ſes enfans.

Pourra-t-on croire que cette promenade dévotieuſe ait été, dans ce temps, ſuivie des plus ſcandaleuſes orgies? Rien de plus vrai cependant. Au retour de cette mafcarade populaire, Mefdames de la Halle, Mefdames du quai de la Ferraille, Mefdames des faubourgs Saint-Antoine & de Saint-Marceau, fe font épuifées, fe font expofées à faire jeûner leurs enfans pendant quelques journées, pour fe cotifer entr'elles, & fe plonger dans la plus crapuleufe ivreffe dans les cabarets du quartier. Chacune d'elles, fille ou femme, a modeftement, dans ces feftins bachiques, choifi fon Grenadier, même fon Volontaire, pour fubftituer au facrifice offert à la Divinité, un facrifice plus agréable à la proftitution ; & l'Eglife gagna encore à cette fuite de cérémonies pieufes ; car il eft innombrable combien il eft réfulté de ces jonctions charnelles de cocus, d'enfans procréés, de mariages ébauchés, quoique la plupart aient fraudé les droits eccléfiaftiques, & aient formé des hymens en détrempe aux yeux révoltés du Public, dans les fallons de la Nouvelle-France & des Porcherons !

Les dépenfes énormes qu'ont occafionnées l'érection du dôme magnifique de Sainte-Genevieve, & qui, par parenthèfe, a fait crever de dépit le célebre Soufflot, doivent bien maintenant défefpérer ce Chapitre opulent ; car, comment compter à-préfent fur la crédulité, la fuperftition des Parifiens ? Seront-ils, maintenant que le flambeau de la philofophie a éclairé les efprits, dupes du charlatanifme de ces Moines impudens ? Ira-t-on dorénavant boire à longs traits de l'eau du puits de Sainte-Genevieve, & fe béatifier les en- trailles, en mangeant de fon pain, qui a affez d'analogie à ces os de feche qui garniffent les cages de nos ferins ? Je ne le crois pas.

Je ne crois pas plus fermement que les fots continuent à aller faire toucher le bas de leur chemife à la châffe de la Sainte, & les femmes ce linge immodefte qui leur fert à contenir, dans les bornes du centre de Vénus, l'épanchement de la fouillure légale. Conféquemment plus d'*exvoto*, plus de meffes fondées, plus d'évangiles fur la tête : un gros Moine, engraiffé d'ignorance & d'hypocrifie, ne vous po- fera plus fur le crâne le bout de fon étole, & dès-lors plus d'argent dans les troncs, & la Sainte & les pieux fainéans qui la deffervent, feront obligés de s'abreuver au puits facré, & de manger des os de féche tant qu'ils voudront.

Que fera Saint-Marcel de fon dragon? Le verrons-nous encore fe promener dans les rues, & nous rappeller à notre confufion, l'erreur & la fottife de nos ancêtres?

Les Carmes-Billettes du Marais célébreront-ils encore la réparation de la Sainte-Hoftie, & les prodiges merveilleux qu'exécuta le pain fans levain, animé par les paroles myftiques d'un fourbe, lorfqu'un Juif, concitoyen de Jéfus-Chrift, pourfuivit la vengeance de fes peres jufques fur la ridicule repréfentation du Légiflateur du catholicifme, & qui fut brûlé en Place de Grêve? O merveilleux contes de ma mere l'Oie, qui êtes en poffeffion de troubler l'imagination des enfans, combien vos rêveries font foibles, auprès de celles enfantées par les portefoutanes!

Que deviendront les jambes gauches de Saint Ovide, qui couferva miraculeufement fon corps entier pour l'entretien journalier des Capucines de la Place Vendôme? Encore quelques années, & nous verrons, fans doute, ces froides reliques rejetées par ceux & celles qui ne pourront plus les regarder que comme des meubles inutiles.

Suspendra-t-on encore dans la rue aux Ours, ces tableaux affreux, qui, les jours de grandes fêtes, retracent aux curieux & aux badauds oisifs & amateurs de miracles, dont le bienheureux Pâris tint si long-temps boutique ouverte à Saint-Médard, l'histoire apocryphe de ce Suisse, qui, semblable au Chevalier de la Barre, porta une main indiscrete sur une statue de bois de l'Egyptienne *Marie*, & qui, nous dit-on, répandit du sang, & qui fut inhumainement déchiré de verges devant cette image, depuis neuf heures du matin jusqu'au soir, & dont on promenoit, il y a quelques années, la représentation dans les rues de Paris ? Conte à dormir de bout, & qui n'a rien de réel, que la punition superstitieuse & le châtiment rigoureux de ce Suisse en démence, quoi qu'en aient dit *Gilles Corrozet* & *Jacques Dubreuil*, dans leurs ennuyeuses & cagottes Antiquités de Paris.

Or donc, plus d'*Agnus Dei*, plus de saintes patennes, plus d'offemens : les trésors des églises ne feront plus autant de charniers, où les bigots iront idolâtrer de prétendus Saints. Le culte qu'on rendra à la Divinité, fera pur & dénué d'artifices : en fera-t-il moins grand, moins majeſtueux, quand il fera dépouillé de toutes ces momeries & de ces fimagrées qui n'ont d'autre but que celui du plus vil intérêt?

Sur-tout plus d'indulgences plénieres: notre Saint-Pere le Pape, qui en envoie par tombereaux dans tous les pays de la chrétienté, en avoit à Paris le plus grand débit; & le pénitent bien confeſſé, bien abfous & bien enterré, pouvoit fe difpofer à partir pour l'autre monde, muni d'un bref du Saint-Pere, par le moyen duquel le Portier du Paradis n'avoit garde de leur en refufer l'entrée.

Mais ces abus une fois réprimés, laiſſera-t-on fubfifter ceux dont Paris eſt infecté? Verra-t-on toujours nos Paroiſſes vivre par des fubfides arrachés à la veuve & à l'orphelin? Verra-t-on toujours nos Curés dépouillant tous les principes de charité, fe faire un point d'honneur de cenfurer le Peuple avec aigreur, orgueil, & lui vendre bien cher de pitoyables fermons, ainſi que fait journellement l'Abbé *le Boſſu*, Curé de Saint-Paul, boute-feu des émotions populaires, directeur de la conscience du sieur *Favras*, & son successeur inique dans la conduite des complots les plus pernicieux, quoi qu'en dise le placard de la Municipalité?

Il n'est pas inutile de faire ici mention de ce que rapporte à Paris, dans nos Paroisses, aux Prédicateurs, les sermons offerts à la ferveur publique. La Fabrique donne au Prédicant 6 liv. par sornettes, le plus souvent débitées en poste, & sur le ton de quelqu'un qui semble vous dire: Je vais t'en donner pour ton argent.

Pendant la durée du discours oratoire, au premier point, l'auditoire bâille & s'endort, ronfle au second, & ne se réveille qu'au bruit de tonnerre, que fait ordinairement un gros Chantre ivre, en entonnant le *Deus in adjutorium*. Alors, à moitié endormi, les auditeurs se retournent & marmottent leurs pseaumes : mais ce qui ne seroit pas facile à deviner, c'est où est, pendant les Vêpres, & ce que fait le mystique Prédicateur. Sans doute on le croit au pied des autels à remercier l'Etre suprême, d'avoir opéré des conversions. Point ; il est au réfectoire, qui se refait l'estomac avec des tranches de jambon succulentes, entouré des Cordons-bleus de la Paroisse & de ses sots admirateurs. Là, il écoute avec la plus grande complaisance les louanges qui lui sont distribuées, & tout en avalant des raîades d'un vin exquis pour l'amour de Dieu.

A l'égard de l'abus des chaises, dont j'ai déjà parlé, il est inconcevable combien il se multiplie maintenant dans Paris : ce commerce scandaleux fournit tous les jours matiere à des scènes indécentes, dont le résultat déshonore les gens d'église. Les Fabriques, aussi intéressées que les Pasteurs & leurs cliques, en augmentent, à chaque renouvellement, le prix de la ferme ; & pour faciliter au locataire le recouvrement de ses fonds, elles mettent en usage tous les subterfuges qu'employent ordinairement les danseurs de corde pour attirer le Public dans leurs taudis.

Ce sont maintenant les enfans aveugles qui aident les Fabriques à ce recouvrement. A voir ces enfans aveugles menés en lesse de Paroisse en Paroisse, aller fredonner des messes en musique, pour attirer la foule, ne s'imagineroit-on pas voir

une

une troupe de baladins fe faire fuivre, dans la vue d'augmenter la recette?

Chaque fois que ces enfans aveugles exécutent des meffes en cadence, leurs inftituteurs reffemblent au maître de mufique de l'Opéra; roulant les yeux, grinçant les dents à chaque faux ton & à chaque fauffe mefure, heureufement pour ces jeunes difciples, qu'ils font privés de la vue, car leurs grimaces & leurs contorfions dérangeroient, à coup fûr, les fymphonies de l'orcheftre, qui font déjà quelquefois très-difcordantes, n'en déplaife aux rares talens de leurs inftituteurs, à qui cependant on doit quelques éloges, ne fût-ce qu'en raifon de leurs foins. Je voudrois néanmoins que cet objet fi méritoire par lui-même, fût encouragé par les bienfaits, les fondations, & non par ces meffes réitérées, qui rapprochent ces enfans de l'état des 300 dits Quinze-Vingts, qui étoient & font encore tout auffi aveugles que les 300 Quinze-Vingts qui fiégent aux Tuileries.

L'Abbé *Pou_ard*, le Curé de Saint-Euftache, qui, par parenthèfe, eft fort bien en Cour, eft un de ceux qui favorifent le plus ces pantomimes facrées;

G

c'est lui qui se charge de la fourniture des quêteuses; aussi sont-elles toutes jeunes & jolies, & l'adroit confesseur met en usage ce moyen, comme le connoissant pour un attractif puissant, & un de ceux qui engage le plus à délier la bourse. Consultez maintenant les regiftres des Paroisses, pour avoir la continuation & le supplément des autres abus à prévenir, à corriger; quant à moi, je continue mes observations.

CHAPITRE IX.

Hôtel de la Force, Faubourg Saint-Antoine, & Enfans-Trouvés.

POUR continuer ma route, que j'ai abandonnée à l'Hôtel-de-Ville de Paris, j'enfile la rue Saint-Antoine, & je rends hommage au District de Saint-Jean-en-Grêve, maintenant sous la présidence du sieur *le Parmentier*, qui s'avise, sans savoir pourquoi, au déclin de ses jours, d'afficher des mœurs austeres sans en avoir jamais eu, & qui, en conséquence de cette réforme, pourchaſſe les filles de joie de la rue de la Tannerie & du voiſinage, qui, à dater de cette époque, ont abandonné leurs boutiques très-commodes, où ce genre de commerce étoit établi depuis quelques années; de maniere qu'à la vérité M. le Préſident du Diſtrict de Saint-Jean-en-Grêve, a bien réuſſi à empêcher les barboteuſes d'occuper des logemens dans les rues de ce département; mais leur négoce n'en devient que plus infame, car la logique de ces malheureuſes, qui ne s'étend qu'à ſe dire, *il faut que je vive*, ne leur permet pas d'examen plus réfléchi : auſſi, d'après ce principe, c'eſt maintenant en pleine rue, qu'elles ſe livrent à l'exercice de leur profeſſion, & le plus ſouvent elles s'adreſſent aux Corps-de-Gardes de la Place de Grêve, de concert avec les Sentinelles, qui ferment les yeux, ſur-tout quand les pratiques ſont bonnes.

Les patrouilles font de très-fréquentes rondes ; mais elles ne ſont en partie que pour la femme; ce ſont celles faites par les Volontaires qu'elles craignent le plus; car pour les Gardes ſoldées, le droit de maquerellage a de trop puiſſans attraits pour eux, pour qu'ils puiſſent ſe réſoudre à troubler ces créatures dans leurs nocturnes opérations.

En pourſuivant mon chemin, je ſalue très-humblement l'orme de St. Gervais, qui, par une tradition inſenſée, & ſans ceſſe démentie par l'évidence, paſſe pour être perpétuellement verd. Ce phénomène eſt auſſi équivoque que le conte plaiſant que le chroniqueur de la ſainte légende, M. *Baillet*, n'a pas rougi d'inſérer dans ſon recueil de menſonges de la Vie des Saints (1).

La Paroiſſe eſt ſous l'invocation de Saint Gervais & de Saint Protais, les deux freres gémeaux ; ces deux martyrs de l'Egliſe romaine furent, dit-on, les deux plus fermes colonnes de l'Egliſe :

----

(1) On raconte, comme article de foi, dans ce Livre à bonnes femmes, que ces deux Saints & leur ſœur, s'annoncerent très-diſtinctement dans le ventre de leur mere, par ce plaiſant dialogue : le premier dit : *Range-toi, Gervais. —Je ne ſaurais, Protais ; car ma ſœur Luce me ſuit de près.* Comment croire à de ſemblables abſurdités, ſans ſe déclarer hérétique?

je veux le croire ; mais tous ces martyrs extravagans inspirent plus de pitié que de ferveur , & il faut que la foi soit bien ralentie, ou que, suivant l'usage de tout, la mode de se faire écorcher vif en l'honneur de Dieu, soit bien passée.

De-là, je passe au Petit-Saint-Antoine, dont les Chanoines sécularisés portent avec tant d'obstentation, une croix semblable à celle des Chevaliers de Malthe. Ces Messieurs, qui, dans l'origine, sentoient le froc d'une lieue à la ronde, métamorphosoient leur titre de Moines en celui de Chanoines réguliers, & n'en étoient pas moins des apôtres déclarés de l'irrégularité. Ils ont, depuis quelques années, un procès en Cour de Rome, pour se faire séculariser ; lequel procès gagné par eux, les met maintenant à même de suivre constamment la pratique d'un genre de vie aussi licencieux qu'extraordinaire.

Ensuite, je passe devant une maison des ci-devant soi-disants Religieux de la Compagnie de Jésus. On juge assez volontiers d'un homme par sa société : conformément à cette maxime, on ne peut qu'hasarder un jugement très-désavantageux du fils de Dieu ; car en vérité la

société étoit très-mal choisie; ce n'est pas
que maintenant ce local soit mieux occupé. Depuis que Messieurs de l'Ordre de
Sainte Genevieve, sous l'invocation de
Sainte Catherine, ou Saint-Louis-de-la-
Culture, ont abandonné à la ville de
Paris leur sainte maison, pour en faire
le marché Saint-Antoine, ce sont eux
qui sont en possession de ce Couvent de
sodomistes ; & l'on peut assurer que les
bons Peres n'ont pas perdu au change.

Je viens ensuite devant la rue Saint-
Paul, où je vois Jacquemart du haut de
son clocher, dont la figure n'est pas,
à beaucoup près, si intéressante pour les
jeunes filles, que celle de *Martin* de Cambray (1). Rien ne se trouvant la digue

____

(1) On voit, dans la Capitale du Cambresis, *Martin*, surnommé *de Cambray*,
condamné à mort pour crime de viol : il
ne se justifia que sur une érection continuelle, & le prouva sur les échelons de
la potence qui le réclamoit : c'est dans
cette situation peu équivoque, qu'il est
représenté. Les pucelles du Cambresis
admirent cette effigie, & les femmes ma-
riées, en la voyant, rentrent dans l ur
maison, toujours courroucées contre leurs
maris.

de mon examen, je parviens jufqu'à la place de l'ancienne Baftille, démolie par un de ces coups de fortune que toute la prudence humaine ne feroit pas venue à bout de prévoir.

J'ai annoncé, dans mon introduction, quel feroit le monument propre à remplacer cette odieufe fortereffe : je n'en parlerai donc pas.

Arrivé fur cette Place, je trouve occafion de regretter qu'on ait abattu la porte Saint-Antoine : le paffage, il eft vrai, en eft devenu plus facile ; mais ç'a été dépouiller Paris d'un de fes plus beaux monumens.

Je vois, d'un côté, l'extrémité de l'ancien Boulevard, qui prend fa naiffance à la Place Louis XV, &, de l'autre, les foffés de la Baftille, remplis de fes démolitions. Il n'eft pas inutile de faire connoître au Public pour qui j'écris, la petite manœuvre de M. *de Célérier*, Préfident du Comité des Dépenfes de la Commune de Paris, à cet égard.

C'eft cet Adminiftrateur qui fe trouve chargé, par emploi, de payer le falaire des Ouvriers qui ont été employés à la démolition de ce Château, & conféquemment, de porter cet article fur fon état de dépenses. La connoissance de cet état, rendirent plusieurs personnes jalouses d'en constater la vérité, & il s'est trouvé, d'après le plus scrupuleux examen, que M. de Célérier compta, sur les derniers temps, jusqu'à cent soixante Ouvriers par jour de plus que ceux qui étoient employés. Or, M. de Célérier voloit donc par jour, à la Commune, & conséquemment au Peuple, 160 liv. Honneur soit rendu à sa probité!

J'examine ensuite, à l'entrée du Boulevard, une maison de superbe apparence, à laquelle tient un jardin anglais, où l'art s'est plu à surpasser les richesses de la nature. Je me donne la torture, pour imaginer à qui ce séjour délicieux peut appartenir. Est-ce à un Prince? Non. Aux Fermiers-Généraux? Non. Alors je m'informe, & j'apprends que cette demeure est la petite maison de plaisance d'un fat, d'un intrigant, d'un polisson, d'un escroc, d'un rimailleur sans génie, d'un perturbateur de l'ordre social, en un mot, celle d'un homme dont les mœurs & la vie sont souillés par les plus abominables actions. Curieux de savoir quel est celui qui réunit tous ces titres, qui m'annoncent un homme flétri dans l'opinion publique, l'on me nomme *Pierre-Auguſtin Caron de Beaumarchais* : alors, je ceſſe d'être étonné, & je dis : Allons, le portrait n'eſt pas flatté ; mais c'eſt mon homme peint d'après nature.

Après avoir examiné en totalité la maiſon de Pierre - Auguſtin Caron de Beaumarchais, je reporte mes yeux ſur la priſon du quartier Saint-Antoine, appellée l'Hôtel de la Force. Je pénétre dans cette maiſon, jadis appartenante à M. *Paris Duvernay*, un des plus riches partiſans du règne de Louis XV, & un des Adminiſtrateurs de l'Ecole royale militaire.

Cette priſon réunit le même régime que celles démolies depuis quelques années, le fort l'Evêque, le petit Châtelet. C'eſt dans ce domicile rendu commode, qu'on loge, aux dépens du Roi, les déſerteurs, les débiteurs indigens, les perturbateurs de la tranquillité publique, les collecteurs, les filles de joie, les écrivains indiſcrets, & maintenant, graces aux concluſions du Procureur du Roi, les voleurs du grand Châtelet.

L'Hôtel de la Force, en raiſon de la

politique profonde de Mad. Necker, ancienne femme-de-chambre de Mad. de Monteluſſon, ne préſente plus cet aſpect hideux, épouvantable, que les autres priſons, mémement celle du grand Châtelet, offrent à tous les yeux. On doit au moins lui ſavoir gré de cette bienfaiſance, qui cependant diminue de temps à autre, & cela, vu la grande quantité de priſonniers.

La priſon de Saint-Eloy, autrefois rue Saint-Paul, deſtinée à claquemurer les collecteurs & les infortunés hors d'état de payer la nourriture de leurs enfans, ne ſubſiſte plus : mais qu'on ne croye pas, pour cela, qu'on en pourſuive avec moins d'avidité, ces débiteurs innocens, & les plus dignes de la compaſſion publique : étroitement reſſerrés dans l'Hôtel de la Force, ils y mouillent un pain noir & ſec de leurs larmes, en attendant l'inſtant propice où la charité publique les mettra à portée de briſer leurs fers, au moyen d'une proceſſion ridicule & barbare.

La Tréſoriere des Pauvres (1) détenus à l'Hôtel de la Force, pour défaut de payemens de la taille & des mois de

---

(1) Madame *Dumeſnil.*

nourrices, reçoit journellement des an-
nonces confidérables; car il fe trouve
encore dans la Capitale des ames géné-
reufes qui gémiffent de ces horreurs. Elles
font, à la vérité, employées; mais n'eft-ce
pas le comble de la barbarie, que d'o-
bliger ces victimes de l'indigence à fe
donner en fpectacle aux yeux frivoles
d'une Nation entiere, pour recouvrer
la fomme qui a été délibérée par elles
en pareil cas ? Quoiqu'on leur faffe bien
fentir l'importance du fervice inhumain
qui leur eft rendu, elles n'en doivent
avoir aucune obligation, puifque le but
de cette promenade, qui injurie tout-à-
la-fois notre délicateffe & nos mœurs,
eft de recouvrer la fomme qu'on a donnée
pour leur élargiffement.

J'ai quelquefois vu ces proceffions ou-
trageantes pour l'humanité; j'y ai diftin-
gué des pauvres malheureux exténués
par les fouffrances d'une dure & longue
captivité, tenant en main un cierge, aller
proceffionnellement d'un endroit à l'autre,
remercier le Seigneur & la Vierge Marie,
de ce que l'adminiftration a jugé à-pro-
pos d'ouvrir les portes de leur efclavage :
quant aux femmes, elles ont un voile

fur la tête ; mais elles font défignées par de petites marionnettes déguifées en Ar-changes ou en Vierges, qui les conduifent en leffe, à la ftation du Clergé.

Pendant ce temps, on fait la quête. Toutes ces parades n'ont été inventées par la fuperftition & l'intérêt, que pour aller rechercher la charité, jufques dans fes derniers retranchemens : mais ce qu'on ne croit peut-être pas facilement, c'eft qu'au retour de cette infenfée cérémonie, Mad. la Tréforiere a décuplé les fonds employés ; que MM. les Adminiftrateurs ont participé au cotingeant, & que les confreres qui font bourfiller au nom de la charité, fi ce ne font pas eux qui en ont le plus befoin, au moins font-ce eux qui en retirent le plus d'avantage.

Dans ce même Hôtel de la Force, font maintenant conduites les filles publiques, qui, autrefois & fous le régime de l'an-cienne Police, étoient conduites à Saint-Martin. L'Hôpital-Général de la Salpê-triere n'eft pas auffi peuplé : auffi M. le Maire de Paris, qui, fur le détail de l'adminiftration, fe voit rogner les ongles, met tout en ufage pour le rétabliffement de l'ancien régime.

Après m'être arrêté sur ces différens objets, je passe au faubourg Saint-Antoine, qui, avec le faubourg Saint-Marcel, tient le dez dans les émotions populaires. Eh ! que vois-je dans ce faubourg ?

La misere, l'oisiveté, la paresse & l'esprit de fermentation, y tiennent leurs assises : toutes les maisons, pour la majeure partie, y sont occupées par des vagabonds, des fainéans, des gens sans aveu, qui, pour la plupart, ne cherchent qu'à fomenter la rébellion & la discorde, & qui, sur la moindre apparence, sur la moindre occasion de se livrer aux plus grands excès, en profitent avec d'autant plus d'assurance, que le grand nombre semble leur assurer l'impunité.

Je vois une grille magnifique & une maison de très-belle apparence : qui contient-elle ? Une partie des enfans-trouvés de la Capitale : c'est un dépôt de la maison de Notre-Dame. On s'est assez étendu sur le détail de cette administration, pour que je me dispense d'en parler. Je poursuis ma route.

A l'extrémité de ce faubourg, toujours les mêmes objets désagréables bornent mes regards. Ce font les murailles des Fermiers-Généraux ; ils empêchent mes regards d'errer dans la campagne ; or, je rentre dans la Ville pour contenir mes obfervations.

CHAPITRE X.

Le Mont-de-Piété tel qu'il eft, l'Abbaye Saint-Germain, & l'Ecole Militaire ; trois points de vue totolement changés. Quelques mots fur les Invalides.

SI l'on confidere le *Mont-de-Piété* en raifon de l'utilité qu'il préfente aux Citoyens privés de reffources, on ne peut qu'applaudir à fon inftitution, & aux principes de M. *Framboifier de Baunay*, & Compagnie ; mais fi l'on jette fur lui l'œil de la réflexion fage, fi le regard de la prévention n'en embellit pas l'apparence, alors on ne peut qu'être épouvanté de la multiplicité des abus pernicieux de cette adminiftration, qui, en paroiffant fe prêter au foulagement des malheureux, accélére leur mifere, en leur accordant des fecours captieux, & plus nuifibles au fait qu'utiles.

Il eft vrai que l'établiffement du Mont-de-Piété a mis un frein à la voracité des prêteurs fur gages & à la petite femaine, dont l'efpèce eft diminuée à Paris, & dont les infamies ont tant de fois contribué à rendre les perfonnes affez incommodées de la fortune pour avoir recours à eux, les victimes du plus exécrable agiotage.

Si j'entreprends jamais de donner au Public la lifte véritable des ladres & des feffes-mathieu qui compofent l'affemblage des ufuriers de Paris, je n'omettrai fûrement pas de dénoncer tous ceux de ma connoiffance qui fe font enrichis par de femblables extorfions. Je nommerai le Notaire Gaudray, le Parfumeur *Durand*, l'Epicier Guibout Loffinote, ancien Porte-clef de la Baftille, & mille autres qui ont fait de leurs maifons autant de coupe-gorges, où le malheureux perdoit chaque journée ce qui lui étoit plus néceffaire que la vie, c'eft-à-dire, fa fortune.

Ces fcélérats font tous de la Paroiffe Saint-Paul, & pour en impofer au vulgaire, on les voit tous les dimanches faire les honneurs de la fainte table. Ces infames

facrilèges établiffent la confiance & accré-
ditent leur négoce illégitime, par cette
grimace de dévotion : & voilà comme
l'homme eft toujours dupe de l'erreur.

Il eft innombrable la quantité de vols
occafionnés par la facilité de dépofer
des gages au *Mont-de-Piété*, qui prête
indiftinctement fur les effets du premier
venu, fans information quelconque; de
maniere que, pour fe dérober à la punition
réfervée aux voleurs, on peut, du moment
qu'on a les mains garnies d'effets volés,
pour éviter d'être reconnu, les porter au
Mont-de-Piété, qui d'abord prête la
moitié de la fomme; enfuite, le délinquant
vend la reconnoiffance à ces miférables
qui font profeffion de vivre aux dépens
des efcrocs & des agioteurs.

Une des bienfaifances de Marie An-
toinetre, à l'époque de la révolution, a
été de configner le montant des prêts des
effets de peu de valeur, & il a été fti-
pulé, que ce ne feroit que les hardes d'hi-
ver & le linge, qui feroient retirés; par
ce moyen, la Reine de France a joué au
fin avec la populace. Qu'eft-ce qui a le
plus gagné à cette parade d'humanité?
Sont-ce les pauvres qui ont eu part à

cette

cette libéralité hors de saison. Non, mais bien le Mont-de-Piété lui-méme, attendu que les effets dégagés sortant par une porte, le lendemain rentroient par l'autre; la majeure partie appartenante à des malheureux qui n'avoient que ce seul moyen pour avoir de l'argent.

Il n'est pas étonnant que les Administrateurs du Mont-de-Piété soient d'une richesse immense. Le produit de ces Administrateurs, est fondé sur les vols les plus manifestes : je laisse à part les Commissionnaires, qui font particulierement leur négoce, & composent une autre branche, pour ne point m'écarter de mon objet principal.

Les Administrateurs *le Gouvier*, *Dutilloy*, ont aussi leurs Courtiers; ceux-ci ne désemparent pas la cour du Mont-de-Piété où de Pitié, & ajoutent à la scélératesse inouie des Actionnaires, le raffinement honteux du plus effronté coquinisme. Ces furets de l'Administration, aussi experts, aussi habiles que les Mouchards de l'ancienne Police, vous devinent un infortuné, un besoigneux, à son accoûtrement déchiré, à sa mine havre & allongée, à son maintien modeste, &

H

plus encore, à l'expectative de sa misere : alors, les raisonnemens, les conjectures, sont en campagne, & voici l'effet des combinaisons usuraires.

Si le pauvre diable, qui paroît miné par la famine, n'a point de paquet sous le bras, il a moins de papiers dans sa poche ; car, sans l'un ou l'autre de ces deux objets, que viendroit-il faire au Mont-de-Piété ? Ce sont ces papiers-reconnoissances, qu'il est intéressant de lui enlever ; le malheureux est abordé, gagné sans beaucoup de peine ; la reconnoissance du prêt est abandonnée à l'infame Courtier, pour le plus vil prix, & retourne, en conséquence, à l'Actionnaire, qui ne rougit pas de retirer l'effet, pour le revendre à sa juste valeur, ou en profiter lui-même, & conséquemment, de dépouiller le Citoyen qui languit misérablement dans l'esclavage du besoin.

Ce que les Administrateurs font en ce cas, mille particuliers de Paris le font, sans avoir d'autre état, d'autre intelligence, d'autre consistance, que celle de voler au-devant des dupes : c'est une des quatre-vingt-dix-neuvieme branches de commerce de frauduleuse industrie de la Capitale; mais il est abominable de voir des millionnaires recourir à ce manége, tout-à-la fois bas, criminel & déshonorant.

Je vais ensuite à l'Abbaye Saint-Germain-des-Prés, où je ne distingue plus ces faces rebondies d'une canaille enfrocaillée, ces magnifiques Monseigneurs *Asnior*, dont tout l'esprit consiste dans une superbe bibliothèque, enragent dans le fond de leur cœur, des ineptes décrets d'une Assemblée, qui dévora l'huître des Français à belles dents, en abandonnant les coquilles au Peuple.

En voyant les Palais de ces révérends Freres Martin, je regrette leur défunte opulence, & je me demande qui est-ce qui percevra désormais les revenus immenses de la Foire Saint-Germain, où les bons Peres louoient à prix d'or, de méchantes baraques, à une infinité de baladins, que charitablement ils excommunioient dans la chaire, le matin du même soir qu'ils alloient à la recette des mandrilles, des orang-outangs, qui ne ressemblent pas mal à Nosseigneurs de Saint-Germain-des-Prés.

Je vois la prison de l'Abbaye S.-Germain,

qui perdit fon pucelage quelque-temps avant la révolution, & qui, regarnie de verroux, par les foins du Maire Bailly, du jeune & gentil la Fayette, & de l'Affemblée du Peuple, recele les foi-difans criminels de lèze-Nation; le Châtelet étant trop rempli de fouilles-aux-poches, qui, par l'effet d'une fage légiflation, ne reçoivent plus d'autre punition, que vingt-quatre heures de détention, & la perte d'un petit écu : c'eft une grande facilité que la Nation donne aux voleurs.

L'Abbaye Saint-Germain fert encore de prifon aux Soldats nationaux; c'eft-là que le Général la Fayette fait conduire les Militaires patriotes, qui cherchent à fe fouftraire à la difcipline. Cependant, par une diftinction, les foi-difans auteurs de la contre-révolution, arrêtés aux Champs-Elyfées, ont été conduits à Saint-Denis : on ignore que M. le Marquis de la Fayette, par un trait de la politique qui lui eft affez ordinaire, a faifi cette occafion pour voiler fes démarches & fes projets ambitieux; que, d'accord avec le Maire, il a été lui-même l'inftigateur de cette fcène qui a penfé renouveller les défordres dont nous étions à peine dehors, & que les principaux de cette cabale, ont été préservés de la détention, n'ayant agi que par l'insinuation de ces deux chefs. Les Soldats, qui ignoroient le nœud de cette lâche intrigue, en ont été seuls les victimes.

Ensuite, je continue mes observations jusqu'à l'Ecole-Militaire, où je vois un changement total. Dans l'origine, l'Ecole-Militaire étoit pour les Gentilshommes abandonnés de la fortune, ce qu'est la Maison de Saint-Cyr pour les Demoiselles de qualité, qui n'ont apporté au monde que de vains titres. Quand Louis XIV fonda cette Maison, il la destina à l'éducation des Nobles indigens, & Saint-Cyr fut de même destinée à l'éducation des jeunes filles, qui, de haute naissance, ne pouvoient s'élever suivant leurs titres.

J'ai donc vu, dans cette Ecole-Militaire, même du regne de Louis XV, les jeunes gens y recevoir la plus belle éducation, & réellement posséder toutes les qualités qui pouvoient les rendre dignes de commander à leurs semblables. J'y ai vu des Maîtres de Philosophie, de Géométrie & de Tactique; j'y ai vu *Dupont* le Géometre, qui, fier d'un savoir inutile, sembloit tenir en mains le compas d'Archimede, & posséder la tactique de Vauban.

Qu'a-t-on fait de l'Ecole-Militaire, avant & après la révolution? Avant cette époque, & depuis la suppression du traitement de la pension des Eleves, elle a servi de magasins des bleds destinés à être exportés hors du Royaume ; conséquemment de greniers aux accapareurs ministériels, qui se servoient du prétexte apparent du traité de la France avec la Suisse.

Ceci me donne occasion de citer une vérité exacte & constante, dont l'époque date du mois de Février dernier ; c'est que, malgré la disette où nous sommes, c'est que, malgré la vénération qu'on avoit assez mal-à-propos pour M. Necker, ce Directeur adroit des Finances, sous le prétexte de ce même traité de la France avec les Treize-Cantons, vient de faire passer à Berne 7000 sacs de farine ; & il est constamment prouvé que c'est dans le moment où ce canton n'avoit aucunement besoin de subsistances, & que nous en manquions.

Que vois-je maintenant à l'Ecole-Militaire, indépendamment des magasins dont je viens de parler, & qui sont sous l'administration du Lieutenant de Maire Vauvilliers, que j'ai déjà désigné comme très-habile pour cette partie, au moins quant à ce qui concerne son intérêt & celui de la très-digne Commune de Paris, à laquelle il est fort attaché? J'y vois ensuite les ci-devant soi-disans Volontaires de la Bastille; je dis les soi-disans; car cette Compagnie, malgré ses importantes réclamations, & ses fréquentes motions, n'est rien moins que ce qu'elle s'annonce. A juger d'abord le plus grand nombre, je n'y vois qu'une partie de réfugiés, ayant habilement tiré parti de la circonstance : de ce nombre, quant je mettrois d'abord le sieur *Hulin*, je ne croirois pas lui faire injure. Sans parler de ses intrigues à Genève, je ne l'envisagerai que comme Commandant des Volontaires de la Bastille, & je lui demanderai des preuves notoires de son héroïsme, & quelles sont les actions qui lui ont mérité ce titre imposant.

Si de certaines considérations m'empêchent de citer les autres principaux Chefs, c'est que je ne veux pas entreprendre d'en donner la liste : mais dans

la quantité de tous ceux qui font fonner
auffi haut leurs éclatans fervices, je n'y
vois que des aigrefins, des intrigans, des
jolis-cœur, des façons d'Auteurs, & pas un
feul brave, pas un feul défenfeurs de la
Patrie ; mais tel eft le fort de femblables
actions ; les récompenfes font pour ceux
qui font affez adroits pour mettre en avant
l'apparence d'une action d'éclat, & non
pour ceux qui ont réellement expofé leur
vie pour fauver leur Pays des tentations
de l'ariftocratie.

Avant de paffer aux Invalides, où j'ai
quelques obfervations à faire, je ne puis
me difpenfer de faire un tour au Gros-
Caillou, où quelques objets excitent
mon attention.

D'abord, je vois l'Hôpital-Militaire,
où je compte un nombre confidérable
de malades : quand je m'informe fi ce
font les bleffures, fuites des événemens
finiftres de la révolution, qui tiennent
au lit ces valétudinaires, la reponfe qu'on
me fait, n'eft pas propre à diminuer ma
furprife. Je compte, récapitulation faite,
à-peu-près, au moment où j'écris, 264
vénériens, 150 bleffés à coups de fabres,
fleurets mouchetés ou bayonnettes, non

pour le fervice de la Patrie, mais bien
pour entreprendre la caufe des gourgandines de la ville de Paris, qui, comme
je crois l'avoir déjà dit, ont chacun un
militaire à leur folde. Le refte des malades qui y font, le font comme moi,
qui jouit de la meilleure fanté; mais fur
la fignature du Général, d'un Capitaine
ou d'un Lieutenant, les Soldats de la milice nationale, peuvent aller faire une re-
traite à l'Hôpital du Gros-Caillou. La
Commune paye, ou plutôt le Public, à
qui l'on adreffe des Mémoires d'Apothi-
caire, qu'il eft bien obligé de prendre
pour argent comptant, vu l'autorité qu'a
fu prendre cette Commune impérieufe,
qui maintenant, fe fait un jeu de nous
ronger jufqu'aux os.

Je diftingue une maifon fuperbe, ayant
l'apparence d'un Château entouré de foffés, dont la principale porte eft ornée
de grilles magnifiques : j'entre dans la
cour, alors, je fuis arrêté par un Suiffe
harnaché de galons, qui me demande à
qui je veux parler, fi c'eft à Monfieur ou
à Madame. Je lui réponds, que ce n'eft
que la curiofité qui m'attire, & je m'imagine, en voyant la cour fablée, un jar-

din très-richement entretenu ; des appartemens, où la dorure & l'élégance du mobilier annoncent la splendeur & l'opulence ; que cette maison est la demeure d'un Grand, ou, tout au moins, d'un Fermier-Général : les écuries & un nombre considérable de Valets, semblent me confirmer dans cette idée ; mais qu'on juge de ma surprise, en apprenant que ce séjour enchanté appartient, à qui ? à un vil histrion, à un homme noté par la débauche & la plus insigne lésinerie ; en un mot, que ce que je prenois pour le Palais d'un Prince, est la demeure du sieur de *Larive*, Comédien du Roi, & anciennement le premier Rôle du Théâtre-Français, maintenant le Théâtre-National, enfin, le domicile d'un être abject & méprisable, non-seulement par son arrogance & sa conduite, mais encore par mille & mille mauvaises actions, qui l'ont rendu la fable & la dérision d'une bonne partie de l'Europe.

Je ne m'étendrai pas sur ce qui concerne particulierement cet Acteur ; je laisse à l'Auteur qui s'est chargé de dépeindre la vie-privée de Messieurs des grands Théâtres de Paris, le soin de faire le portrait de ce héros de coulisses; je n'en parlerai que relativement à la description du Gros-Caillou, où je suis engagé.

Dans ces temps d'ignorance & de superstition, où le Clergé vous envoyoit en enfer sans autre forme de procès, M. Larive eût été, à coup sûr, l'objet des prédications extravagantes de son Curé, & conséquemment celui des injures de la Paroisse; mais comme, graces à la philosophie, ce temps est changé, ce Baladin national jouit, dans son domaine, de tous les honneurs imaginables. Qu'on ne s'étonne pas de cette circonstance; Monsieur de Larive tient Monsieur le Curé du Gros-Caillou à sa table, quelquefois le Vicaire; & au moyen de quelques aumônes données bien plus par ostentation que par charité, cet Acteur se trouve à-peu-près le Roi de ce Village; & dans le cas où une révolte sembleroit menacer sa tranquillité, Larive, en un instant, se trouveroit à la tête d'un escadron de Mariniers & de Blanchisseuses, qui, pour quelques gouttes de paf, lui vendroient leur sang. On peut, d'après cela, rendre justice à son adresse.

Pour distraire les idées que me présentent ces singularités, je vais de-là promener mes rêveries à l'Hôtel-Royal des Invalides, où je vois refluer la misere dont la Capitale est infectée; j'y vois de braves Militaires, couverts de blessures, manger le pain de la douleur, sous le commandement de M. *de Sombreuil*, & auparavant sous celui de M. *d'Espagnac*; j'y vois ces guerriers couverts de cicatrices, vivre tristement dans cet Hôtel qui en impose à l'étranger, par sa structure & sa magnificence : mais quand on vient à l'examen du régime, on ne peut que gémir sur la dureté du ministere de la Guerre; & si quelque chose doit étonner les Nations jalouses des succès des prédécesseurs de Louis XVI, c'est le courage des troupes françaises, leur zele & leur dévouement, lorsqu'elles sont aussi peu animées par l'espoir de la récompense. Je conçois qu'un Soldat ne doit pas avoir ce point de vue, qu'une belle action doit être sa plus chere récompense; au moins tel est le principe de la France & le caractere de son Peuple, le frivolisme, l'ingratitude, la trahison, l'intérêt & l'oubli des bienfaits.

Plusieurs dépôts des Invalides sont établis à Paris; ceux de l'Arfenal ont bien penfé être les victimes de la fcélérateffe de de Launay, & les pauvres diables, dénués de vigueur, étoient bien embarraffés; car de quelque côté que la chance eût tourné, ils ne pouvoient efpérer que des difgraces. L'événement a tourné bien pour eux; ils peuvent en remercier le hafard, ou, fi l'on veut, la Providence; mais les pauvres hères recevoient, dans ces inftans critiques, des témoignages évidens du peu de fonds qu'il y a à faire fur les fentimens d'une Nation qui nous a toujours ébloui par les apparences.

CHAPITRE XI.

Librairie, Marchés, Halles & Denrées.

DEPUIS la fameufe époque de la révolution, la Librairie joue dans Paris un trop grand rôle, pour oublier de s'arrêter fur cet article. Depuis ce moment, la Chambre Syndicale a perdu la majeure partie de fes droits, & n'exerce plus la même inquifition. La liberté de la preffe a totalement anéanti cette inquisition, au moins en apparence, car, grace au régime de l'ombre de la Municipalité actuelle, les Directeurs de la Douane n'en continuent pas moins de s'approprier les envois de Province, au mépris des décrets constitutionnels de l'Etat.

Jamais on n'a tant écrit, tant imprimé, tant colporté, tant distribué de mauvais Ouvrages, que depuis l'année 1789. Quand *Titon du Tillet* forma son Parnasse Français, il n'avoit sans doute pas lu dans l'avenir l'événement de la révolution; car, à coup sûr, il auroit attendu le moment, & il auroit été obligé d'en changer l'Ordonnance, ayant tant de nouveaux Ecrivains à y installer.

Quelques centaines de Journaux, morts aussi-tôt que nés; nombre infini de libelles, de pamphlets, nul ouvrage de marque, forment à-présent l'immense collection de notre littérature actuelle: des magasins de papiers remplissent les montres des Libraires : l'Abbé Raynal, J. J. Rousseau, Voltaire, Diderot & Montesquieu, roulent dans la poussiere des greniers de la Librairie, tandis que les productions de l'Abbé de la Rey..., de Coll... & de Mercier, font expofées à la curiofité des paffans. Chaque donjon d'hôtel garni eft maintenant occupé par un Auteur ou un griffonnet du temps actuel, qui vit, avec beaucoup de peine, du fruit de fes veilles, qu'à bien prendre, il pourroit cependant beaucoup mieux employer.

En décrétant la liberté de la preffe, l'Affemblée nationale ne preffentoit fûrement pas qu'elle donnoit le droit au premier venu de dire & faire imprimer fon fentiment fur fes opérations; auffi chacun en a-t il ufé avec une libéralité fans exemple; & dans la multiplicité d'écrits que nous avons fur ce Chapitre, nous en avons peu qui n'aient été dictés par la prévention, la méchanceté & la fottife: les plus véridiques font ceux qui rendent le moins de compte; &, felon moi, c'eft le meilleur parti; car à quoi bon nous affliger par le détail des vétilles de nos Repréfentans ? A l'œuvre, on connoît les ouvriers, &, fur elle, on peut juger beaucoup plus fûrement de la folidité de leurs travaux que fur les *fi* & les *mais* de nos périodiftes à quatre fols la feuille, ſans en excepter le *Vacher de Charnois*, *Imbert*, le jeune *Lemierre*, *la Harpe*, &c. qui, comme tant d'autres, ont été obligés de ſe conformer au tarif.

Le quai Claſſique, plus connu ſous le nom du quai des Auguſtins, qui, par ſa compoſition, ne mérite pas d'article à part, n'a pas peu contribué à donner la vogue à la quantité de ſottiſes dont nous avons été inondés; de ce quai s'eſt élevé une quantité conſidérable de nouveaux Imprimeurs, qui, n'étant pas ſoumis aux entraves de la Chambre Syndicale, ſe ſont établis dans des caves, pour faire gémir la preſſe. Des idées ineptes de nos Ecrivains à la douzaine, les *Momoro*, *Tellier*, *Poinſot*, pere & fils, ſans parler des Imprimeurs clandeſtins des rues Pavée & Saint-André-des-Arts, ont le plus fait circuler le fatras le plus volumineux de ces collections menſongeres, ſans encore parler du ramaſſis à la ſemaine des ſieurs *Prudhomme* & *Tournon* : auſſi bientôt changera-t-on de nature ce proverbe auquel on fait dire : Tu ments comme la Vie des Saints, pour lui ſubſtituer cet axiome : Tu ments comme un Imprimeur du quai des Auguſtins.

L'épidémie

L'épidémie d'écrire a gagné tous les états, toutes les classes; dans toutes les Imprimeries, on n'est maintenant plus abordé qu'un manuscrit à la main; aussi les Protes sont ceux qui gagnent le moins, le temps étant trop précieux pour s'amuser à corriger des épreuves : de-là proviennent toutes les fautes typographiques qui circulent dans les Ouvrages; mais en récompense, l'orthographe des billets de Caisse est maintenant celle à laquelle on s'attache le plus. J'aurai bientôt occasion d'en parler.

Les Marchés sont déserts, la cause n'en n'est pas cachée; le numéraire est si rare dans la Capitale, que les gens du dehors n'osent pas s'exposer à les garnir, dans l'appréhension de ne remporter dans leurs foyers domestiques, que du papier, dont la valeur touche, de moment à autre, à l'extinction, ou pour mieux dire, qui ne tardera pas à avoir une autre consistance, sous la dénomination de papiers nationaux; mais qui, au fait, ne sera que le même agio changé de forme.

Les Halles sont toujours à-peu-près fournies de même, & la Nation a donné, dans le temps de la révolution, une preuve de fa politique, en honorant Mefdames de la Halle comme elle l'a fait. C'étoit, en vérité, quelque chofe d'on ne peut pas plus original, que de voir, au coin des rues, de longues pancartes, portant invitation à ces amazones modernes, de remettre dans le fentier du devoir, les Citoyens qui penchoient à s'en écarter. Pour juger de l'importance attachée à l'impulfion de Mefdames des Halles, il ne faut que relire, avec attention, la journée du 16 Octobre 1789, & les détails de la mort funefte de François, Boulanger, décédé en Place de Grêve ; alors, on fera pleinement convaincu, que le Diftrict de Saint-Euftache & la Municipalité provifoire, n'avoient pas tout-à-fait tort de prendre les Poiffardes par leur foible, en flattant leur groffier courage.

C'eft en vain qu'on a prétendu les intimider par la Loi martiale : incapable de réfléchir fur aucune efpece de danger, elles auroient bravé le drapeau rouge comme elles l'ont toujours fait, dans toutes les occafions qui fe font préfentées à leur ivreffe & à leurs tranfports inconfidérés, depuis que le décret en a été

lancé par l'Assemblée Nationale, à l'instigation de MM. de *Clermont-Tonnerre*,
Barnave & *Montesquiou.*

Ces Dames de la Halle sont, depuis
un temps immémorial, en possession de
présider aux événemens publics, & elles
ne se départiront pas de sitôt d'un pri-
vilége qu'elles se sont arrogées avec
la plus insigne arrogance; mais ce qui
passe en elles comme un effet de franchise,
n'est autre chose que celui de la brutalité,
de l'ivresse & par-dessus tout, celui de
l'intérêt.

Quelles preuves viennent-elles récem-
ment donner? elles ont été porter des
bouquets au Baron de Bézenval & le
complimenter sur son élargissement: quelques jours auparavant, elles s'étoient
attroupées devant le Châtelet pour demander sa mort.

A l'arrivée du Prince de Conti, ces
mêmes Poissardes, qui auroient massacré
tous les Princes du Sang royal, sans aucune distinction, dans les premiers momens
de leur effervescence, ont été au-devant
de sa voiture, l'ont comblé de bénédictions : aussi ce Prince a-t-il fait distribuer
aux pauvres de son District la somme de

dix mille livres, rare effet de la politique:
il vaut mieux ployer que de rompre.

A cet effet, les feuilles périodiques
ayant le plus grand intérêt de ranimer la
curiosité publique, déjà considérablement
éteinte par la quantité prodigieuse de
fornettes qui lui ont été débitées, ont
annoncé comme certain le retour du Comte
d'Artois dans la Capitale : quoique ce
foit une épifode à mon fujet, je vais
cependant donner l'extrait d'une lettre
datée de Turin, du 28 Mars 1790, qui
ne s'accorde gueres avec les rêveries des
folliculaires.

Du 28 Mars 1790.

Après quelques détails peu néceffaires,
l'Ecrivain dit : « la tranquillité & le bon
» ordre regnent à Turin, malgré que
» l'on entende d'un & d'autre côté
» quelques murmures de guerre ; mais ils
» font dénués de fondemens, & n'ont
» d'autre apparence que les précautions
» que le Roi de Sardaigne met en ufage
» pour garnir fes frontieres de troupes
» défenfives. Le Comte d'Artois, le Prince
» de Condé & le Prince d'Héning vivent
» tranquillement avec leurs familles.

» Le Comte d'Artois a d'abord été
» reçu froidement par le Roi de Sardaigne;
» cet augure a semblé annoncer que son
» séjour dans cette Cour ne seroit pas
» de longue durée ; mais quelques jours
» après, il a été reçu avec accueil plus
» favorable.

» D'après cet accueil, le Comte d'Artois
» s'est présenté de nouveau, & a demandé
» son équipage, qui lui a été accordé
» sous la livrée de la Cour, ainsi que
» son logement dans un des plus beaux
» palais de Turin, avec une garde de
» quinze hommes tous les jours.

» Depuis cet instant, il se comporte
» avec la décence & l'austérité d'un sage,
» & va tous les jours aux promenades
» & aux temples avec son épouse, qu'il
» ne quitte presque plus.

» Depuis quelques jours, tous les
» Seigneurs Français ont eu ordre de
» quitter Turin sous vingt-quatre heu-
» res ; il n'y a eu d'exception, que pour
» ceux qui étoient à la suite du Comte
» d'Artois.

» Chamberry & les frontieres sont
» garnies de 24 Grenadiers ; la totalité
» de ces troupes, est de 6,000 hommes,

» fans les deux Bataillons de milice, &
» un Bataillon de légions de campement;
» plus, un Régiment de cavalerie; le
» tout, pour empêcher que le bled, le
» ris & le fromage & toute autre denrée
» ne fortent du pays.

» La Princeffe de Conti & l'Arche-
» vêque de Paris, étoient, il y a quel-
» ques jours, à Chamberry avec toute leur
» fuite. Le bœuf eft à 3 f. la livre, le
» veau à 5 f., le pain à 2 f., & le vin
» à 5 & 6 f. ».

On voit, par le détail de cette lettre,
que, dans un pays pauvre, les comef-
tibles y font à très-bon compte, & que,
dans la France, ce Royaume fi floriffant,
ils y font à un prix exorbitant : la caufe
de cet enchériffement n'eft pas inconnue,
& malgré l'extrême diminution du fel,
qui n'eft qu'un foible avantage, la Capitale, fur-tout, fera toujours en proie
aux horreurs de la famine, tant que les
finances feront adminiftrées par des hommes pervers, tels que ceux qui font à la
tête de ce travail depuis un nombre infini d'années.

Je borne à cet objet, le cours de mes
obfervations particulieres, pour raffem-

bler en général la maffe des objets que je n'ai pas fuivis , & en former une maffe totale, qui compofera le fujet de mon dernier Chapitre.

CHAPITRE XII.

Récapitulation & Conclufion.

L'HOTEL de la Monnoie , ce vafte bâtiment placé au nord-oueft de la Seine, cet édifice magnifique , eft un vaiffeau fans ancre, & abfolument dégarni de fes mâts & agrêts : malgré les énormes facrifices que la Nation vient de faire , malgré les bijoux, vaiffelles qui viennent d'y être envoyés par quintal, les creufets font à fec, les balanciers ne frappent plus : on nous a démontré l'emploi de ces matieres précieufes , par une grande quantité de fous marqués , & quelques écus d'argent. A qui peut - on demander la raifon de cette infidélité vifible ? D'abord , à Noffeigneurs de l'Affemblée nationale , puis à la Commune parifienne , enfuite, ma foi, je ne fais trop à qui ;

car, tous ces gens attachés à la sûreté des espèces, sont eux-mêmes les premiers à les détourner, & je crois qu'on feroit plutôt faire un saut au cheval de bronze de la place Vendôme, que d'engager à restitution les gens en place.

La Bourse est maintenant le rendez-vous des voleurs publics. Les Administrateurs de la Caisse d'Escompte, sont les généraux déclarés & reconnus des monopoleurs, des agioteurs, conséquemment des fripons. L'un de ces jours derniers, un porteur d'argent, véhément soupçonné de prêter son ministere à cinq pour cent d'intérêt, fut arrêté avec vingt-deux mille livres d'argent. Interrogé sur ce qu'il alloit faire de cette somme, il balbutia d'abord : conduit à l'Hôtel de la Force, il déclina le nom du commettant; c'étoit le sieur *Pagin*, l'un des principaux Administrateurs de la Caisse ; demandé à la Municipalité, il nia l'argent & le Porteur. Le lendemain, un autre quidam fut arrêté avec huit mille livres, qui fit la même déclaration ; pareille dénégation de la part du sieur *Pagin*; en conséquence, 30,000 liv. perdues pour lui; je laisse à juger, d'après cette anecdote, des vols qui se font journellement à la Bourſe, par les Adminiſtrateurs de la Caiſſe, & par l'entremiſe de quelques centaines de miſérables, qui ne vivent que de cette reſſource infame & des-honorante.

Cachés derriere la toile, ou plutôt dans le fond de leur cabinet, Meſſieurs les Adminiſtrateurs ont l'air d'ignorer cet abominable commerce, dont ils ſont ſeuls les auteurs: mais où trouvent-ils des agens aſſez perfides pour faire circuler leur numéraire ou celui de la Caiſſe? On penſe bien que ce n'eſt pas dans la foible partie des honnêtes gens de Paris; c'eſt dans le rebut de la populace, dans la claſſe des intrigans, enfin, parmi des Marchands de vin, des ſoi-diſans Négocians, dont le négoce eſt celui du coquiniſme le plus décidé; des Savoyards même commercent le papier de la Nation ſur les bornes de la rue Vivienne, ſur le parapet des quais, au Palais-Royal, & même juſques dans les Egliſes.

Les portes de derriere de l'Hôtel de la Bourſe, ſervent merveilleuſement pour ce honteux trafic, qui ne finira jamais, tant que les intérêts & le capital de cette

Compagnie ne feront pas remboursés, ce qui ne fera pas de fitôt, d'autant mieux que ceux qui s'occupent de ce travail, ont trop d'intérêt à ne pas s'en occuper fortement, pour s'y livrer avec ardeur.

Le Jardin du Roi, depuis la mort du Comte de Buffon, n'est plus l'école de Salerne : les plantes utiles en formoient autrefois la richeffe ; bientôt nous n'y verrons plus que des choux & des navets, & transformer le féjour enchanté d'un fecond paradis terreftre, en autant de marais fangeux.

Les Scribes du Palais, & ceux des Charniers des Innocens, demandent maintenant l'aumône dans les rues de Paris, abftraction faite d'une grande partie de ces Ecrivains détenus au grand Châtelet de Paris, pour avoir cherché, dans la poche des paffans, un patrimoine que les Parlemens trouvoient autrefois dans nos bourfes, fans compter les fommes immenfes qu'ils extorquoient au Roi de France, fur la fimple demande de Monfeigneur le Chancelier. On peut, à cet égard, confulter le Livre rouge.

Le carillon de la Samaritaine ne fait plus entendre fes fons mélodieux : qu'on en demande la raifon, la voici; c'eft que les appointemens du Gouverneur font confidérablement diminués. Avant l'époque de la révolution, cet endroit entretenoit douze perfonnes, fans compter la Garde françaife qui y faifoit faction; ce n'eft pas qu'on puifle bien fe paffer de cet agrément; mais tant y a, que fa fuppreffion fert à prouver que les gratifications obtenues par les protégés des gens en faveur n'ayant plus lieu, les travaux publics en fouffriront d'autant.

Les Chanteurs des quais continuent toujours à mettre à contribution les bourfes parifiennes. Le Peuple, toujours fottement idolâtre & enthoufiafte, entend brailler, par une voix rauque & aiguë, la complainte de Faveras, les noms chéris de Bailly & la Fayette; alors, il ne peut fe difpenfer de fouiller à fa poche, & de faire le facrifice de la pièce de deux fols, pour fe procurer la plate rapfodie, qui contient les louanges les plus triviales & les plus ridicules des deux plus importans perfonnages de la Capitale.

Les Hofpitaliers de la Charité de la rue Jacob, ont renoncé à ce titre, depuis la fuppreffion des bienfaits: c'étoit à-peu-

près le seul Hôpital de Paris, où s’exerçoit encore l’humanité avec quelque décence; maintenant elle n’exiſte nulle part.

Je ne parle pas de l’Hôtel-Dieu, de ce
miſérable cloaque, où l’Etre ſuprême eſt
logé parmi les immondices les plus af-
freuſes & les infections les plus cadavé-
reuſes. Jamais, au nom de la Divinité,
l’on n’exerça la charité avec plus de barbarie : les Carabins de Saint-Côme, employés dans ce dégoûtant aſyle de la bienfaiſance, reſſemblent à autant d’aſſaſſins,
commis par le Gouvernement, pour ex-
pulſer du monde le trop grand nombre
du Peuple.

Il ne faut pas moins qu’un miracle,
pour ſortir ſain & ſauf de ce tombeau
infect : le fiévreux y eſt couché, lui troi-
ſieme, avec un peſtiféré, un furieux &
un bleſſé. Du moment qu’affaiſſé par le
mal dont il eſt dévoré, la foibleſſe s’em-
pare de ſes ſens, un empyrique féroce,
dépoſe à ſon lit le billet fatal qui le
condamne à la mort : rarement cette inſ-
cription funeſte eſt démentie; on le retire
du lit de miſere haletant encore, pour
le mettre dans la ſalle des morts, où il
eſt entaſſé reſpirant encore, parmi des

monceaux de morts & de mourans, jufqu'au moment où la charrette ou le
tombereau funéraire le tranſporte à Cla-
mart, où il rend les derniers ſoupirs.

Je détourne les yeux ds ce ſpectacle
d'horreurs, pour dire quelques mots ſur les
Commiſſaires enquêteurs & examinateurs
du Châtelet de Paris, dont les offices
ſont conſidérablement diminués. Maintenant les plaintes ſe font gratis : Auſſi
ces Meſſieurs ſont-ils d'une indolence
extrême ſur ce qui concerne leur ſervice;
ils courent avec bien plus d'ardeur à un
ſcellé, qu'à la maintenue du bon ordre
& de la tranquillité; les voleurs même
trouveroient un ſûr aſyle dans leur Hôtel,
s'ils payoient pour ſe plaindre de ceux
à qui ils font du tort.

Les Fiacres de Paris ont auſſi leur
ſchiſme comme tous les autres; ils jurent
après les Fermiers-Généraux, qui contri-
buent à augmenter la longueur de leurs
courſes, par le reculement des barrieres;
d'autant mieux qu'autrefois cette partie,
confiée à ces mêmes Fermiers-Généraux,
eſt maintenant devenue libre, & que chacun peut actuellement rouler & louer ſa

voiture, fi bon lui femble, au moyen d'une fimple permiffion.

Les réverberes qui ont attiré tant de farcafmes à le Noir, ce bélître infolent, font auffi les objets de l'attention du Maire actuel, qui confidere les boues & les lanternes comme une des parties effentielles de fon adminiftration. Quelque jour nous aurons probablement de lui un difcours éloquent fur la manutention de ces deux articles, & l'Académie Françaife le propofera aux jeunes Candidats, comme deftiné à remporter le prix qu'elle propofe chaque année; alors nous aurons des vers ronflans fur les immondices de Paris, & les lumieres que la Police fournit aux Citoyens, moyennant le fecret de la capitation, qu'on a rendu ftable par le fecours de l'élligibilité.

Chacun crie maintenant que tout eft libre; en raifon de cette liberté funefte, c'eft maintenant à qui fe fera du tort dans Paris : les Spectacles fur-tout empiétent continuellement furles droits des uns des autres, fans parler des Spectacles dignes de quelque attention. Jamais la mifere n'a été fi grande, & jamais on n'a tant vu de divertiffemens. Au coin du Pont-au-Change , je vois des tentes amoncelées les unes fur les autres ; je m'imagine voir un camp d'armée ; point, ce font des Bateleurs ; ici , c'eft un miférable Décrotteur, qui mange des pierres à deux fols par perfonne ; là, font des Convulfionnaires, qui fe replient le corps en trois, pour attraper un fols ; plus loin, ce font des marionnettes, enfin, l'affemblage de la plus vile crapule.

Il a été un temps que tout à Paris étoit à l'éclipfe, puis à la grecque, enfuite à la Montauciel, après au ballon, aux cheveux de la Reine, au caca Dauphin, &c. Maintenant, tout eft à la Nation ; les Cafés de Paris font, pour la plupart, des Cafés nationaux, les Auberges font à la Nation, les Reftaurateurs à la Nation, nos Sullys du genre nouveau décorent les enfeignes à la Nation, les filles de la rue Maubuée raccrochent à la Nation, & on les paye de même, c'eft-à-dire, fort mal.

Voilà ce que je crois qu'eft maintenant Paris actuel, le comble de la mifere, des forfanteries, du brigandage & de l'horreur. La Commune préfide à tous les forfaits dont je viens de donner l'apperçu.

Louis le pacifique eft forcé, par fon Peuple, d'en être le témoin; c'eft au milieu de ces horreurs, de ce cahos de fottifes, qu'on nous fait efpérer notre régénération; attendons-là de la Providence & de Louis, par la grace de Dieu & la Loi conftitutionnelle de l'Etat.

F I N

www.ingramcontent.com/pod-product-compliance
Ingram Content Group UK Ltd.
Pitfield, Milton Keynes, MK11 3LW, UK
UKHW020209130726
13696UKWH00002B/805